通貨で読み解く
経済の仕組み

給料
が上がらないのは、
円安
のせいですか？

第一生命経済研究所首席エコノミスト
永濱利廣

PHP

円安のせいで、景気が悪いんですか？

┃頑張って働く人の「あるボヤき」

「あれ？　なんか、今日モヤシ多くない？」

「そう？」

「いや、なんか…」

　続く言葉は、白米とともに飲み込んだ。わずかだが、この1カ月で大好きなレバニラのレバーが減った気がする。

　ぼくは鈍い。それは自覚している。周囲への興味・関心も薄い。それもわかっている。

　でも、さすがのぼくでもビールが発泡酒に代わったり、部屋の照明が暗くなっていることには、薄々だけど気づいていた。

「ごめん、実は…」

　きた！　やっぱり妻は何かを隠してる。

「お肉、減ってます…。隠しててごめんね。食費が上がって、生活費がカツカツで…。こんなことしたくなかったんだけどね。毎日、お仕事頑張ってくれてるから」

　思えば食料だけじゃない。電気代、オムツ、遊園地の入園料、住宅…。あらゆるモノの値段が上がっている。それでも、給料は上がらない。妻には申し訳ない。だんだんイライラしてきた。

**　今まで通り頑張っているのに生活が苦しくなるなんて、おかしくないか？**

目の前の仕事を頑張るだけじゃ解決できない、構造的な欠陥があるに違いない。

無邪気に妻にベビーフードのおかわりを催促する子どもを見ていたら、なんだか居ても立ってもいられなくなってきた。

とりあえず明るいバラエティでも見たいと思って、テレビをつけた。最初に映ったのは、ニュース番組だった。そこで、あるエコノミストがこう言った。

円安こそが、不況をつくった原因ですよ。

これか、これなのか？　日本が貧しい原因は。確かに、「安いニッポン」という言葉を聞いたことがある。海外から見たら、低成長で相対的に物価の低い日本は安いのだと。

あれ？　でも、ぼくは学校で日本やドイツのような工業国にとって、通貨安は得と教わってきた気がする。

だとしたら結局、円安と円高ってどっちがいいのか？

経済が「感覚的にヤバイ」ことはわかる。しかし…

ぼくの名前は、円やすお。埼玉県生まれ、埼玉県の郊外に住む29歳。飲料メーカーの営業マンだ。

最近、会社では原価が上がるという連絡が続いている。商品価格は上げざるを得ない。そのたびに、心苦しい思いをしている。

プライベートでは結婚して3年、そして1歳になる娘がいる。娘が大きくなるに従って家が手狭になってきたので、賃貸暮らし

をやめ、家を買おうと思っている。でも、今は家が高すぎる！

　仕事もプライベートも、経済の影響を受けている！　それはわかるけど、正直に言えば何がどう影響しているのかよくわかっていない。

　日経新聞も読んでない。だって、読んでもよくわからないからね！　政治経済学部を卒業したはずなのにな。

　でも、これから学び直したいと思ってる。政治経済の授業は遠い世界の話で、抽象的で、退屈だった。だけど、最近は「手触り感」が出てきた。リアルというか…。友人たちも投資をしているからか、お金の話が身近になった。

　かといって、大学の講義で使ったあの分厚い経済理論書をもう一度めくりたいわけじゃない。なんなら、ちゃちゃっと大事なところだけ教えて欲しい。

　なんて都合の良い話…あった！　めちゃくちゃ強力な先生が、ぼくの目の前に現れたのだ。

　編集者の友人が、先日のニュース番組に出ていたもう一人のエコノミストと本をつくっていて、意見を聞きたいと言ってきたからだ。しかも、マクロ経済学が専門の有名な先生らしい。

　このヒアリングにかこつけて、ぼくの興味・関心を色々と聞いてやろうと思ってる。

　今日はそのヒアリングで、神保町の喫茶店に向かっている——。

給料が増えないのは、
ぼくの頑張りが足りないから？

チリンチリン

 やすお〜！

 あ〜、お店の中あったかい〜。お、久しぶり！

 久しぶり！　永濱先生、こちらが学生時代のサークルの友人のやすおです。やすお、こちらが第一生命経済研究所の首席エコノミストでいらっしゃる永濱利廣先生だよ。

 やすおさん、初めまして。永濱です。今日はよろしくお願いします。

 お願いします！　ぼく、経済はまったく詳しくないんで、お役に立てるかどうかわかりませんが。

 全然、問題ありませんよ。実はそういった人のために、本を企画しようと話をしていたところで…。率直に聞くけど、やすおさん、マクロ経済学の本があったら読

みたいかな？

いや、読みたくないですね。眠くなりそう。

正直ですね（笑）。

あ、でもですね。円高とか円安の話だったら聞きたいなって。これって、マクロ経済と関係ありますか？

大いにありますよ。経済の流れの一部ですし、全体に影響を与える重要なファクターです。

よかった。その切り口なら色々と素人目線で質問できると思います。

何を言い出すかと思ったけど…ホッとしたよ。でも、なんでその切り口なら読みたいと思ったの？

最近、あらゆるモノの値段が上がってるじゃない？それを、「円安のせい」みたいに言う人がいるからさ、「え？　それ本当？」って思って。
あと、子どもが生まれてから住宅の購入を検討してるんだけど、金利？　だっけ？　あれも、円高・円安に関係あるみたいだし、ちょうど誰かに話を聞きたいと思ってたんだよね。

なるほど、そうすると外国為替※を中心とした話になるね。

為替って、トレーダーとかお金に直接かかわる人が解説しがちな分野だから、マクロ経済の面から解説するのも面白いかも。

投資も始めたいから、「お金の教養」も大事かな、なんて。まぁ、まだ何も知らないけど。

ありがとう。私は口を挟まず話を聞いているので、やすお、永濱先生に気になること聞いてみてくれる?

いいの!? じゃあ早速ですけど、先日、ニュースを見ていたら「円安が不況の原因」と発言するエコノミストに、永濱先生は反論されていましたよね?

ただ、肝心な解説部分、子どもの寝かしつけで見られなくて…。もう一度、解説してもらえませんか?

見ていただいたんですね。ありがとうございます。

端的に言うと、**日本人の国際的な購買力が下がっていることが、日本経済低迷の原因ですね。必ずしも「円安だから」ではありません。**

え、そうなんですか? でも円安って、円が弱いってことだから、購買力の低下につながっているってこと

※現金をともなわず、海外に住む人とお金のやり取りをする手段。異なる通貨を交換する際の比率を為替レートという

じゃないんですか？

確かに、購買力の低下は円安の影響も否(いな)めません。円高になれば多少は解決すると思いますが。
ただ、**やすおさんは円安を少しだけ誤解しているかもしれませんね。円高になれば、すべて解決という単純な話でもないのです。**

え！　そうなんですか？　でも、考えてみればそうですよね。学校で、輸出が強い国は通貨安が得って教わったし…。正直言うと、円高と円安、結局どっちがいいのかわからなくなっていたんです。

なるほど。そこは、今回のキーポイントになりますね。
購買力の低下のもっと直接的な原因は、日本の物価が海外に比べて上がっていないことです。あとで詳しく解説しますが、「インフレ率格差」が関係しているんです。この言葉、覚えておいてくださいね。

物価が上がらないと、マズいんですか？

非常にマズいですね。これでは、**日本人のお給料も上がりません。**

え！　そうなの!?

はい。このまま**物価も給料も上がらなければ、いくら頑張って働いても豊かになれない。**そんな未来がすぐそこまで来ています。

給料が上がらないのは、ぼくの頑張りが足りないからだと思っていました。でも、違うのか。頑張っても豊かになれない構造だなんて…。世知辛すぎる！　もう、ダメだ!!　家族なんて養えないよ!!!

日本経済低迷「真の原因」

まぁ、最後まで話は聞いて。購買力低下には円安の影響も一部ありますが、基本的に円安だと海外展開している企業や輸出関連企業が好調になりますよ。

いやいや、騙されませんよ。生活は苦しいし、給料は上がらない。円安で今、状況は良くなっていないじゃないですか。それでも円安が良いって言える理由ってなんですか？

良い質問です。**基本的に通貨安は日本経済の輸出面で追い風だったんですけど、今は特殊な要因で追い風が吹きにくい状況になっています。**

昔と状況が違うってことですね。

そうです。輸出で一番競争力が強い自動車がわかりやすいですね。円安であれば、日本みたいに競争力の高い国の自動車が世界中でバンバン売れて、ものすごく日本が儲かって…。そうすれば円安が行きすぎたりしないんですけど。

でも今回は、半導体などの部品が足りませんでした。だから、たくさん売りたくても生産できなかった事情があるのです。

なんてこった！

また、輸出というと一般的に「モノの輸出」を思い浮かべると思いますが、「サービスの輸出」もあります。わかりやすい例で言うと、インバウンド消費がサービス輸出の一種ですね。外国人が日本に来てモノを買う経済行為は、GDPの個人消費ではなく、サービスの輸出という項目に入るんですよ。

本来ならこれだけの円安であれば、多くの外国人が日本でモノを買ってお金を落としてくれたはずですが、コロナ禍で来られませんでしたね。

そうした意味で、今回の円安はこれまでとは違います。

経済って、色々な要因が絡んでいるんですね。今回は不運ばかりが連鎖している感じですけど。

その通り！　今回は為替を切り口にどういった要因が重なって、日本経済がこうなったのかを見ていきます。ただ、先に私見を述べさせてください。私は、**円安の恩恵を受けにくい経済構造になったことが、日本経済低迷の真の原因**だと思っています。

そうなんですか？

ハッキリ言って、今の日本経済は弱い。でも、私は自国の経済が弱いなら、弱いなりに成長する方法があると思います。

でもバブル崩壊後、日本はやせ我慢して自国通貨の価値を維持する政策を続けてきました。結果、アベノミクスが始まる前の民主党政権時代までは、異常な円高が進んでしまったのです。

通貨を捉える「多角的な視点」を持とう

1ドル70円台とかでしたっけ？　当時、兄が大学生で喜んで海外旅行に行っていました。

あ、やすおさん。海外旅行に行ったお兄さんの視点、忘れないでください。

これからするお話では、「誰の立場から円高・円安を捉えるのか」という視点が非常に大切になってきます。国家から見たら？　海外投資家から見たら？　日本の

消費者から見たら？　日本の労働者から見たら？　視点が変われば、物事の捉え方は当然変わりますよね？物事を深く、そして立体的に考えるには複眼的な見方が必要なのです。すると誰がどのポジションでどんな意図で発言しているのか、少しずつわかってきますよ。そういえば、先ほど投資に興味があるとおっしゃっていましたよね？

はい、子育てもお金がかかるのに、さらに自分の老後資金も貯めなければならないので。

非常に良い心掛けですね。資産運用の観点から、為替や株の値動きなどを学ぶことが大切なのは言わずもがな、実利的な面から考えて「経済の仕組みを学ぶこと」は、非常に大切です。
たとえば、やすおさんの年齢なら住宅購入を検討され始めたご友人もいらっしゃるのでは？

……。

さあ？　どうなんでしょう。私は子どもがいて今の家が手狭になってきたので、検討していますが。

そうですか。ともあれ、マイホーム購入ならお金は借りやすいのか、今は買い控えたほうがいいのか。金利の動きが非常に重要になってきます。

仮に、やすおさんが変動金利でお金を借りて住宅を購入し、その直後に金利が上がったとします。**そのときに何が起きているのかわからないまま、借金が増えているのは嫌でしょう？**

わけもわからず借金が増えるのは嫌ですね。

他にも、なぜ円安で株価が上がるのか、どの通貨を持つほうが得なのか…すべて経済の仕組みを知らずして、判断できません。

でも、ひとたびその仕組みを理解すれば、お金の使い方はうまくなります。これは、**生活を豊かにするうえで、非常に強力な武器となるでしょう。**

強力な武器…、ぜひ、ぼくに授けてください。

わかりました。では、今日はイントロダクションということで、次回から第1回の授業としましょうか。

あ、先生！　ひとつだけお願いが…。

はい、なんでしょう？

ぼく、政治経済学部出身なんですけど、小難しい計算式が出てきたあたりから、経済の授業についていけなくなりました。そんな自分に為替なんて理解できるのか？　すご～く心配で…。

 わかりました。極力、難しい計算式などを使わずに、為替…円高と円安の本質をシンプルに解説しましょう。数字アレルギーでもわかる経済解説、やってみましょう。

 マジ神！　ありがとうございます!!

 では次回、またこの喫茶店でお話ししましょう。

 はい！　よろしくお願いします！

給料が
上がらないのは、
円安のせい
ですか？

1限目　為替の「基本のキ」を学ぼう
円高・円安「結局、どっちがいいの!?」

1-1

Q：円高・円安ってどういうこと？

A：米ドルやユーロなどの外国通貨に比べて、
円の価値が高いか低いかを表す言葉です

1-2

Q：なぜ円の値段は上がったり、下がったりするの？

A：変動相場制を採用しているからです

1-3

Q：円高・円安は、企業にとってどんな意味があるの？

A：企業の業績を大きく左右します

2限目 「金利と為替」の関係
円高・円安ってどうやって決まる？

2-7

Q : 為替介入って何ですか？

A : 為替相場に急激な変動があった場合に、通貨価値を安定させるために、各国政府と中央銀行が為替市場で売買を行うことです

3限目

「物価と為替」の関係
物価が上がらなければ、給料も上がらない！

3-1

Q : インフレとはなんですか？

A : 私達が普段買っているモノやサービスを総合した値段（物価）が上がり続けて、お金の価値が下がり続けることです

3-2

Q : デフレとは何ですか？

A : 私たちが普段買っているモノやサービスを総合した値段（物価）が下がり続けること。最悪のシナリオです

5限目 為替相場を動かす「経済指標」の読み方
市場を読むなら「ここ」を見よ

為替の「基本のキ」を学ぼう

円高・円安「結局、どっちがいいの!?」

やる気マンマンの返事をしたものの、円高・円安のこと、な〜んにも予習してきてない…。でも、知識ゼロでも永濱先生なら、わかりやすく解説してくれるだろう。でも、本当に何にもわからない…。初歩の初歩から、教えてくれないかな。

> **Q** 円高・円安ってどういうこと？
>
> **A** 米ドルやユーロなどの外国通貨に比べて、
> 円の価値が高いか低いかを表す言葉です

円高・円安が「感覚的に」わからない！

そもそもの話、円高・円安ってなんなのかイマイチよくわかりません。

そこからですね。わかりました。かみ砕いて言えば、円高・円安とは、米ドルやユーロなどの他国通貨と比べて、円の価値が高くなったか低くなったかを表す言葉です。

たとえば、1ドル＝100円だったとしましょう。これが1年後に、1ドル＝80円になったら「円高」。逆に1ドル＝120円になったら「円安」です。

それはわかるんです。**でも、感覚的にわかりにくいんですよ。円の金額が増えるのに、「安くなる」とか言われても混乱します。**

最初のうちはそう思うかもしれませんね。私は大学でも教えているのですが、為替の話をすると理解に苦しんでいる学生をよく見かけます。

どうすれば、理解しやすくなりますか？

そうですね。「円を他国の通貨と交換するとき、他国の通貨を多くもらえるほど、円の価値は高い。つまり円高になる」と考えてみたらどうでしょう？
ちょうどいい例が…確か日銀のホームページに…、ありました！　これで説明しましょう※。

日本人が旅先のハワイで買い物をするため、手元にある10,000円を米ドルに両替するケースです（手数料などは加味しません）。
このとき、為替相場が1ドル＝100円であれば、10,000円を100で割るので100ドル受け取れます。
一方、為替相場が1ドル＝80円であれば、どうでしょうか。いくらドルを得られますか？

えっと…、10,000円を80で割るから…125ドルですかね。

そうですね。円の金額が低いほうが、たくさんのドルを得られる。ということは、1ドル＝100円よりも1ドル＝80円のほうが「円高」といえますね。

※出典：日本銀行「教えて！　にちぎん」円高、円安とは何ですか？

なるほど！

反対に、1ドル＝125円であれば、10,000円を125で割るので、80ドルしか受け取れません。つまり、1ドル＝100円のときと比べると「円安」といえます（図1-1）。

図1-1　　10,000円を米ドルに両替する

1ドル 80円	1ドル 100円	1ドル 125円
10,000円 ÷ 80円 ＝ 125ドル	10,000円 ÷ 100円 ＝ 100ドル	10,000円 ÷ 125円 ＝ 80ドル

円を中心に見る！　魔法の「逆さメガネ」

でも、先生。10,000円をドルに替えたときに手に入れるドルが多いからといって、「価値が高い」なんて言い方をするのは、なんか感覚的に納得いきません。

え〜、では円を基準に見てみる「逆さメガネ」を使う
のはどうでしょう？

今は、「1ドルに対して円がいくらになるか」で見て
いますよね？　**そうではなくて、「100円に対してド
ルがいくらになるのか」を考えてみるのです。**

図1-1と同じように、1ドル＝80円、1ドル＝100円、
1ドル＝125円のケースで考えます。まず、これを
80円＝1ドル、100円＝1ドル、125円＝1ドルといっ
った具合に、円を基準にみます。

そして次に、80円＝1ドルと125円＝1ドルを、ム
リヤリ100円にしてみましょう。すると、（図1-2）
のようになります。

図1-2　　　　　　　**円を基準にドルを見る**

80円＝1ドル　―×1.25→　100円＝ 1.25ドル

∨

100円＝1ドル　―×1.0→　100円＝ 1ドル

∨

125円＝1ドル　―×0.8→　100円＝ 0.8ドル

あ、本当だ！　同じ100円なのに価値が違う。

でしょ？　これでわかってもらえましたか？

はい！　ありがとうございます。

なぜ、「ドルとの比較」が基本なのか

今の例は米ドルと比べていますが、ユーロでも人民元でも同じことですか？

まったく同じですね。米ドルの場合は「円安・ドル高」、ユーロの場合は「円安・ユーロ高」などと表現します。ただし、ニュースで、何も但し書きがなく「円高」「円安」と表現しているときは、必ず米ドルと比較しています。

なんでですか？

米ドルが基軸通貨だからです。基軸通貨とは国際的な通貨のなかで中心的な役割を果たしている通貨のことです。

米ドルはアメリカ国内だけで使われているわけではありません。**実はアメリカ以外の国々で取引をするときにも、決済手段として米ドルが多く使われています。**

たとえば、日本が中東から石油を買うときは、日本円でも中東諸国の通貨でもなく、米ドルを使って取引しています。

他の通貨でもよさそうなのに、なぜそんな面倒くさいことを…。

米ドルが最も価値が安定していて、使い勝手が良いからです。中東諸国も石油を売って日本円をもらっても、使いようがありませんからね。また両替する必要があるから、かえって面倒くさいでしょう？

中東諸国の石油に限らず、日本の貿易における決済通貨は、米ドルが圧倒的な割合を占めます。日本円をいったん米ドルに両替して取引しますから、そのときの交換比率によって貿易の収支が大きく異なります。
だから、**米ドルと比べて円高か円安かが重要なのです。**

へ〜、米ドルって強いなぁ。

米ドルとの交換比率を重要視しているのは日本だけではありません。世界中の国々と言っていいでしょう。後で述べますが、世界がアメリカの経済政策を注視しているのはこうした背景があります。

米ドルと日本円を比べたときに、一般的にいくらからが円高で、いくらからが円安という基準はあるんですか？

明確な統一基準はありませんが、**90年代後半から最近までのドル円レートから考えると、109円ぐらいで**す。ここから考えると、1ドル＝100円を下回ると円高、1ドル＝120円を上回ると円安、とざっくり考えてもらえば良いと思います。

Q　なぜ円の値段は上がったり、下がったりするの？

A　変動相場制を採用しているからです

通貨安は、ゴルフのハンデキャップ

なんで円の値段は上がったり、下がったりするのでしょうか？

それは変動相場制を採用しているからです。
変動相場制とは、2国間の為替レートを為替市場での需給によって自由に変動させる制度のことです。
その反対が固定相場制です。こちらは、需給に関係なく為替レートを固定する制度です。

でも、為替レートが日々変わるのって、けっこう面倒くさ…いや、不便だと思うんです。なんで固定じゃダメなんですか？

面倒くさいですね（笑）。気持ちはわかります。ですがこれには、歴史的な背景というか理由があるんですよ。また後で説明します。

ただ、変動相場制にもいいことはありますよ。たとえば、**需給によって通貨が上がり下がりすることで、ゴルフで言うところの「ハンデ（ハンデキャップ）」が適正に設定できる**ことです。

ハンデ…どういうことでしょう？　ちょっとゴルフはわかんなくて。

ゴルフって、「どれだけ少ない打数でホールにボールを入れられるか」を競うスポーツですね。でも、ゴルフをするときに一緒に回る人が同じぐらいの実力とは限りません。初心者もいれば、プロ顔負けの人もいます。

そういう実力差がある人同士でも競い合えるようにする仕組みが、ゴルフのハンデです。

たとえば、18ホールを80打で回るコースでゴルフをするとしましょう。上手なAさんはハンデ「5」、あまり上手でないBさんにはハンデ「10」と設定します。両者がちょうど80打で回ったとき、Aさんはハンデの5を引いて75打。あまり上手でないBさんはハンデ10を引いて、70打となります。すると、ハンデがなければAさんの勝ちですが、ハンデを加味するとBさんの勝ちになります（図1-3）。

図1-3

18ホール80打で回る

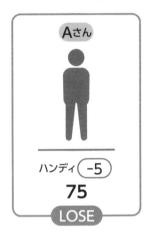

 なるほど。為替でも同じようにハンデをつけるということ？

 そういうことです。さまざまな国がありますけど、その国々によって経済の状況はまったく違います。そこで為替レートによってハンデがつくのです。

通貨で大切にしたい「日本の視点、海外の視点」

 ゴルフみたいに、ハンデ30などと設定するとか？

それとは少し違います。

やすおさんは、経済が好調な国と不調な国、どちらの国の通貨がほしいですか?

それは…経済が好調な国のほうですね。安定していそうですし。

そうですよね。2限目で詳しく説明しますが、各国の通貨には預金すれば金利※がつきます。

たとえば、経済が好調で金利の高い米ドルと、経済が不調で金利の低い日本円、どちらがほしいかといえば、金利の高い米ドルがほしいですよね。

すると、ドルと円で比較すると、ドルに人気が集まり、それだけ円の人気が下がります。そうやって市場でドルと円が取引されると、ドル円の為替レートはドルが高くなっていき、円が安くなっていきます。つまり、円安ドル高が進みます。

うんうん。

自国の通貨が安くなると、商品を売りやすくなります。
通貨が安くなればその分、国内で生み出されたモノやサービスの競争力が上がるからです。

※お金を貸したり借りることで発生した手数料のようなもの

通貨が安いほうが競争力は上がる？

 はい。たとえば、1個100円のコップをアメリカに輸出するとしましょう。1ドル＝100円のときは、アメリカから見るとコップの仕入れ値は1ドルです。

しかし、それより円安の1ドル＝120円だと、0.83ドル＝100円ですから、コップの仕入れ値は0.83ドルになります。

このように円安だと、円建て、つまり日本人が使う円の視点で見ると、価格は同じ100円ですが、ドル建て、つまり輸入するアメリカ人が使うドルの視点で見ると、商品の価格が安くなります（図1-4）。

すると、図の①と②、アメリカから見るとどちらのほうがオトクですか。

図1-4 **通貨が安いほうが競争力は上がる**

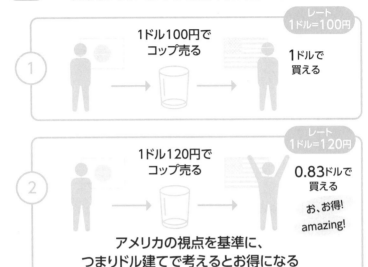

※コップは値上がりしていないものとする

もちろん、②のほうですね！

そうですよね。これが、為替におけるハンデです。同じスペックの商品ならば、安い通貨の国の製品が買われやすくなります。

なるほど！

このように、為替レートが変わるだけで商品を買いたいと思う人が増える。すると、国産の商品が売れるようになりますから、儲けが増えていきます。

こうして儲けを伸ばしていけば、経済が不調な国もだんだん調子を取り戻していくのです。

そういう効果があるんですね。

なので、経済が不調で景気が冷え切っている国は、国内で生み出されたモノやサービスが売りやすくなるので、自国通貨を安くしたほうが良くなります。

逆に、経済が好調で景気が過熱し過ぎた国は、景気を冷ますために自国通貨を高くして、国内で生み出されたモノやサービスを売りにくくしたほうがいいのです。

通貨が高ければいいっていうわけじゃないんだ。

詳しくは追々解説しますが、何が言いたいかというと、**アベノミクス以前の日本は「実力以上の円高にすることで、やせ我慢してハンデを少なくしていた」**ということです。

為替は、国の経済のバランスを取るのに非常に重要な役割を果たします。少しずつ説明しましょう。

1-3

Q 円高・円安は、企業にとってどんな意味があるの？

A 企業の業績を大きく左右します

円安であるほど、円建ての売上げは増える！

 コップ一つとってもこれだけ変わるんですから、企業は円高・円安にかなり関心がありますよね。

 企業の業績を大きく左右しますからね。
企業は、輸出や輸入など、海外の企業と何らかの取引をしています。自社の商品を輸出している企業もあれば、何かをつくるために原材料を輸入している企業もあります。そのとき、為替がどのような交換比率（レート）かによって、業績に大きな影響が出ます。

 たとえば、円安だとどのような影響が出るのでしょうか？

 円安のときには、一般的に輸出関連企業や海外展開している企業が業績を伸ばしやすくなります。これには、２つのメカニズムがあります。

まず一つは、**円安だと国産のモノやサービスが売れや**

すくなることです。先ほどご説明した「1個100円の
コップをアメリカに輸出する話」と同じで、同じ商品
でも、円安ドル高になるほど、ドル建て、つまりドル
を基準に考えると値段が安くなるので、アメリカに住
む人がモノを買ってくれやすくなります。

もう一つのメカニズムはなんですか？

**海外での売上を円に換算したときに、売上が増えるこ
とです。**
グローバルに事業を展開している日本企業は連結決算
をするとき、海外法人の売上を円に換算して計算しま
す。
たとえば、海外での売上が100ドルだったとしまし
ょう。1ドル＝100円のとき売上は10,000円になり
ます。しかし、1ドル＝120円なら、売上は12,000円
になるわけです（図1-5）。

図1-5

円安で売上が増える仕組み

① 1ドルの
コップ100コ
売ったよ

1ドル
＝
100円
のとき

→ 10,000円

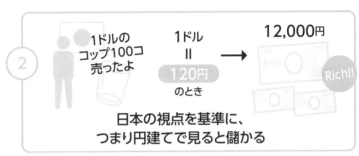

② 1ドルの
コップ100コ
売ったよ

1ドル
＝
120円
のとき

→ 12,000円

Rich!!

**日本の視点を基準に、
つまり円建てで見ると儲かる**

売上が同じでも、円安であればあるほど、円建ての売上は増えるんですね。

そういうことです。だから、輸出企業には有利に働くわけです。**円安で最も儲けが増える業種は、自動車産業です。**グローバル展開をしていますし、国内から輸出もしているので、儲かりやすいのです。

行き過ぎた円安は、マイナスに働く？

逆に、商品や原材料などを多く輸入している企業にとっての円安の影響は？

マイナスに働きます。アメリカで、1ドルで売っている小麦を仕入れるとき、1ドル＝100円のときは100円で仕入れられますが、1ドル＝120円だと、120円出さないと仕入れられません。原価は上がってしまいます。

じゃあ、輸入していなければ大丈夫ってことですね！

そうですが、現実問題として何も輸入していない企業はありません。国内の原材料だけで製造し、国内だけで販売しているように見えても、電力の多くは輸入化石燃料からできていますからね。為替は必ず何らかの影響があります。

でも、円高だと輸入企業にメリットがあるわけですよね。

そうです。円高だと、輸入企業にメリットがあります。前述した小麦の例で言うと、1ドル＝80円だとしたら、80円で買えてしまいますからね。
一方、輸出や海外展開している企業は儲けが増えにくくなり、苦戦してしまいます。

一長一短がありますね。

どの企業にも、円高と円安、それぞれプラス面とマイナス面があります。どれぐらいのバランスが良いかは、企業によって異なります。

企業規模でも違いがあります。**一般的に大企業は円安の恩恵を受けやすく、中小企業が円安のダメージを受けやすい側面があります。**

なんでですか？

大企業は、輸出や国際展開しているところが多いのに対し、中小企業は、原材料を海外から輸入して、国内市場で商売をしている企業が多いからです。こういった会社にとって、円高はプラスに働きますが、円安はマイナスに働きます。

日本の雇用者の7割程度は中小企業で働いていますから、円安が行き過ぎてしまうとマイナスの影響を被る人も増えるといえるでしょう。

誰にとってもベストなバランスを取るのは難しいですね。

> **Q** 株価と為替はどう影響を与え合う？
>
> **A** 円安になると株高に、円高になると株安になる

円安になると株価が上がる理由

円高・円安は企業の業績を左右する。ということは、株の値動きにも何か関係してきそうですね？

大いに関係します。

日本企業全体の株価を示す指標として一般的に使われるのが、「日経平均株価」です。東京証券取引所プライムに上場している流動性の高い銘柄225社の株価をもとに算出した株価指数で、通常「株価」というと、これを指します。

この「株価」は、円安だと株高、円高だと株安になる傾向があります。それを示しているのが図1-6です。赤は米ドル円、黒は日経平均株価の値動きを表しています。ほぼ連動して動いていることがわかりますか？

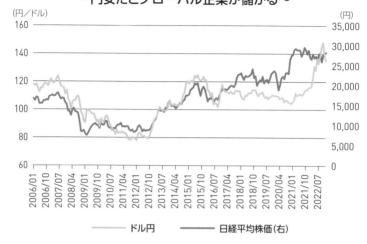

図1-6

株価と関係する為替レート
〜円安だとグローバル企業が儲かる〜

（円／ドル）　　　　　　　　　　　　　　　　　　　　　　　（円）

160　　　　　　　　　　　　　　　　　　　　　　　　35,000

140　　　　　　　　　　　　　　　　　　　　　　　　30,000

120　　　　　　　　　　　　　　　　　　　　　　　　25,000

　　　　　　　　　　　　　　　　　　　　　　　　　20,000

100　　　　　　　　　　　　　　　　　　　　　　　　15,000

80　　　　　　　　　　　　　　　　　　　　　　　　10,000

　　　　　　　　　　　　　　　　　　　　　　　　　5,000

60　　　　　　　　　　　　　　　　　　　　　　　　0

――― ドル円　　　――― 日経平均株価（右）

（出所）日銀、日本経済新聞社

はい、でもこれってどういうカラクリなんでしょう？
さっき「円安になると、輸出関連企業の競争力が上が
る」とお聞きしました。輸出関連企業が好調になるこ
とで、株価も上がるということでしょうか。

その通り。たとえば、自動車やロボット、鉄鋼、電子
部品、精密機械などといった企業は、株価が上がりや
すくなります。
円安傾向になると輸出関連企業の収益が改善するため、
株価が上がる傾向があるのです。

世界的な日本企業が多い業種ですね。

日経平均株価に関しては、国際的に競争力があって時価総額が大きい銘柄が選ばれるのですが、モノづくりが得意な日本らしく、製造業の銘柄が占める割合が多いんですね。製造業は輸出企業がほとんどですから、円安になると株価が上がりやすい。
だから、日経平均株価も上がりやすいのです。

なるほどー。

ただ、**円安で儲けやすくなるのは輸出関連企業だけではありません。グローバル展開をしている大半の企業も儲けやすくなります。**それにともなって、株価が上がりやすくなります。
輸出をしていないけれども、グローバル展開をしている企業もそうですね。

輸出してないのに、グローバル展開してる企業?

海外に現地法人を置いて事業を展開している企業です。

なるほど。きっと海外でバリバリ稼いでいるのでしょうね。

製造業では、海外に工場を移転して現地で生産している企業や商社なども含まれます。日経平均株価の元になっている225銘柄は、ほとんどグローバル展開をしている企業といえるでしょう。

海外に拠点を置く企業が、円安になると儲かりやすくなるのは、海外での売上を円に換算したときに売上が増えるからでしたっけ？

その通り。連結決算をするとき、海外の現地法人の外貨収入を円に換算して計算するからです。
このとき、円安であるほど売上や利益が大きくなります。たとえば、100万ドルの売上をあげた場合、1ドル＝80円のときは8,000万円ですが、1ドル＝120円の場合は1億2,000万円になります。

数字で見ると、ものすごく違いますね！

このような業績を見て、「この会社は今後も成長する見込みがある」と投資家が判断すると、株が買われます。こういう会社がたくさん出てくることで、日経平均株価も上がりやすくなるわけです。
株の値動きは単純ではなく、業績が良くても成長性が

感じられなければ値上がりしませんが、好業績が株価上昇の要因の一つなのは確かです。

株で儲けたければ「想定為替レート」をチェック！

 円高になると、まったく逆のことが起こるのでしょうか。

 そういうことですね。円高だと、円に換算したときの売上や利益が下がるので、業績が上がりにくくなり、株価が下がりやすくなります。
したがって円高の場合は、グローバル企業や輸出関連企業にはマイナスに働きますが、輸入依存度が高い企業にはプラスに働きます。

 為替が個別銘柄の値動きを左右するということは、円高・円安の予想ができれば、株で儲けられそうですね。

 そんなに簡単にいったら苦労はしません（笑）。本格的に取り組んでいる投資家は、為替の状況も判断材料の一つにしています。
たとえば、投資家がチェックしているのは「想定為替レート」です。

 想定為替レート？

「為替をどれぐらいの水準で想定するか」と企業が事前に設定している為替レートのことです。企業はこの想定為替レートをもとに業績を予想したり事業計画を立てたりします。想定為替レートは一般にも公表されます。

なぜ、想定為替レートを見るのですか？

想定為替レートよりも円高・円安が進むと、企業の業績も上方修正されたり、下方修正されたりする可能性が高いからです。
たとえば、想定為替レートよりも円高になった場合、輸出関連企業は業績が下方修正される可能性が高く、輸入依存度が高い企業は業績が上方修正される可能性が高まります。

業績はどれぐらい変わるものなんですか？

企業規模にもよりますが、大手企業では、想定レートが1円動くだけで業績が想定より数百億円単位で変わってくるところもあります。

えええええ！　そんなに変わるんですか！

はい。企業の業績は為替レートの変動に大きく左右されるのです。

予想以上に為替が動き、想定為替レートが決算時に、より円安に修正されれば、大企業などは業績が上方修正される可能性が高い。それを材料に株価も値上がりするだろうから、今のうちに買っておけば得——。こういう判断になるわけです。

そうやって投資の判断をしているんですね。

もちろん想定為替レートに乖離（かいり）がある、という材料だけで投資するのはリスクが高く、その他の材料も見て判断を下すことが必要ですけどね。一つの判断材料として、想定為替レートが注目されることはおわかりいただけるでしょう。

1-5

Q 為替と不動産価格の関係は？

A 円安だと不動産価格は上がりやすく、
円高だと下がりやすくなる

┃株価上昇にともない、不動産価格も上がる

マイホームを買いたいなぁと思って、物件情報を見て

いるのですが、最近やたら不動産価格が上がっていますよね。これって、為替と何か関係があるのですか？

関係ありますね。**一般的に、円安だと不動産価格は上がりやすく、円高だと下がりやすくなります。**

だから今、不動産価格が上がっているのか。しかし、どういう仕組みなのか…？

円安のときは、大企業を中心に日本企業の海外業績が上がりやすくなります。すると、株価が上昇しますよね。その株を売買して利益が出たら、その利益で不動産を買う人が増えたりするんです。

だから、**株価に少し遅れる形で不動産価格が上がりやすくなる**のですね。

なるほどー。そんなカラクリが！

逆に円高のときは、日本企業の海外の業績が悪化するので、株価が下がりやすくなります。すると、不動産価格も下落しやすくなるわけです。

アベノミクスによって不動産価格が上がった

これまでの不動産価格の推移を見ると、その法則通りになっています。以下は六大都市の商業地等の市街地

価格指数のグラフです。

市街地価格指数は、日本不動産研究所が全国の主要都市の市街地価格を調べて指数化したものです（図1-7）。

 図1-7

ドル円と市街地価格指数
～異常な円高是正で地価上昇～

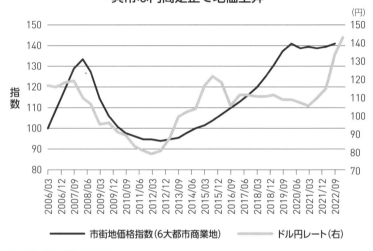

（出所）日銀、不動産研究所

 市街地価格指数は、米ドル／円レートと似たような動きをしている？

 そうですね。ピッタリとはいかないのですけど、2008年のリーマンショックの後に株が暴落した局面では、米ドル／円がものすごい円高になっていくのと歩調を合わせるように、市街地価格も下がっています。

また、2012年以降のアベノミクスで円安・株高になったときには、遅れて不動産価格も上がっていますね。

不動産を買うときは、為替を意識することも重要なんですね。

そもそも論として、不動産の購入はローンを組む人が多いので、不動産価格は金利の影響を受けやすくなります。

金利が高いときは不動産が売れにくくなるので価格が下がりやすくなりますし、金利が低いときは不動産が売れやすくなるので、価格が上がりやすくなります。

金利については後程ご説明しますから、今は影響を受けやすいということだけ、覚えておいてください。

1-6

Q 円高・円安は外国人投資家にとってどんな意味がある？

A 円安は、日本の株や不動産を割安で買えるチャンス！

日本の株式市場で、一番株を売買しているのは誰？

ところで、日本企業の株って誰が一番売買しているか知っていますか？

え？　そりゃあ、日本人ですよね？　日本企業なんですから。

実は違います。外国人投資家が圧倒的に多いんですよ。

え〜！　意外‼

彼らは、大きな資金力を利用して売買しています。金融工学を駆使して高速で取引を繰り返し、短期的に利益を積み上げるヘッジファンド、国家レベルの資金を動かす政府系ファンド、年金基金などですね。

なるほど〜。そういった外国人投資家から見ると、円高・円安はどのような影響があるのでしょう？

一言で言うと、**円安になると外国人投資家にとって日本の不動産や株を割安で買えるチャンス**が出てきます。たとえばアメリカの投資家から見ると、円安ドル高になると、円建ての資産価値が低下します。資産は目減りしますがいつもより不動産や株を安く買えますから買い時になるのです。

反対に、円高ドル安になるといつもより日本の不動産や株を割高で売れますから円建ての資産価値が増えやすくなる。つまり、売り時になります（図1-8）。

図1-8 アメリカの投資家から見た円高・円安

1ドル=100円のとき、海外投資家が
1口1万円の株券を100口購入した場合

1万口
100万円

● **1ドル=120円になった**（円安が進んだ）

投資家
の心

逆に言えば
買い時

down

1,000,000 ÷ 120
≒ 8,333ドル

100口8,333ドルの価値に下落

oh〜
God…

● **1ドル=80円になった**（円高が進んだ）

投資家
の心

売るなら
今でしょ!!

up

1,000,000 ÷ 80
= 12,500ドル

100口12,500ドルの価値に上昇

Yes!
Yes!
Yes!

へ〜。

実際に日経平均株価を見てみましょう。アメリカ人の
投資家が日経平均株価を見るときには、円建てではな
くドル建てで見ています。実際にドル建てで見たのが
次のグラフです（図1-9）。
何かわかりませんか？

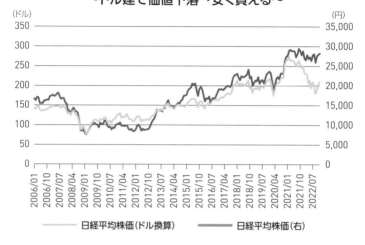

図1-9

円換算とドル換算で異なる株価
〜ドル建て価値下落→安く買える〜

(ドル) (円)

日経平均株価(ドル換算) 日経平均株価(右)

(出所)日銀、日本経済新聞社

円建てと比べて、ドル建てのほうが低いですね。

そうなんです。ドル円相場は現在円安ドル高の状態で、日経平均株価をドル建てで見てみると売却するにはパフォーマンスが非常に良くありません。

ただ、外国人投資家からすると「今後上がる余地があるのに、安く買える」という見方もできます。**株はできるだけ安いところで買って、高いところで売ると儲かりますから。**

確かにそうですね。

海外から熱い視線が集まる「日本の不動産」

これ以上円安が進んで日本円の価値がどんどん下がるという可能性はないのでしょうか？
そうしたら、日本円建ての資産を持っている海外投資家は損してしまいますよね。

その点に関しては、為替のメカニズムを知っていれば、心配いらないことがわかります。
確かに、株の場合は将来の成長期待が高まるほど、いくらでも無限に上がる可能性がある。その一方、企業が倒産すれば価値がゼロになるリスクがあります。
しかし**通貨の場合、普通の先進国であれば国がなくなる可能性は限りなく低いので、通貨も価値がゼロになる可能性は低い**。株のように不安定でもありません。

限りなく価値がゼロに近づくことは？

どこまでも安くなっていくこともありません。どこの国でもそうですが、為替は循環するからです（図1-10）。

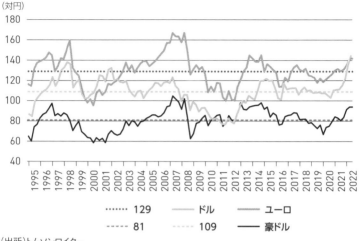

図1-10

為替の長期水準
～長期的に為替は循環する～

(対円)

縦軸: 180, 160, 140, 120, 100, 80, 60, 40

横軸: 1995 1996 1997 1998 1999 2000 2001 2002 2003 2004 2005 2006 2007 2008 2009 2010 2011 2012 2013 2014 2015 2016 2017 2018 2019 2020 2021 2022

凡例:
······· 129　　　ドル　　　ユーロ
----- 81　　　109　　　豪ドル

(出所)トムソンロイター

どういうことでしょうか。

詳しくは2限目で解説しますが、これまでアメリカが利上げ（金利を上げること）をしてきたので、すごい円安ドル高になっています。しかし、この後に必ずどこかのタイミングでアメリカは景気後退に入る局面が来ます。

すると、FRB（連邦準備制度理事会）が必ず利下げをする局面が訪れます。そうなると円高ドル安に振れるんですね。

つまり、長い目で見ると**景気が良いときは利上げ、景気が悪くなったら利下げの繰り返しなので、それに応**

じて為替も上がったり下がったりするのです。

なるほど。損し続けるってことはないんですね。

可能性は低いでしょう。2022年の1ドル150円台は歴史的な円安ドル高ですが、さらにここから円安が進む可能性がまったくないとは言えません。

しかし、為替の性質をわかっている人たちは、「長い目で見たら、アメリカが利上げペースピークアウト局面になったら円高ドル安に転換する」とわかっています。だから「今のうちから円資産を仕込んでおこう」と考えるはずです。

仮に日経平均そのものが下がったとしても、アメリカが利上げをやめて円高の局面になれば、むしろ仕込んだ円資産の価値が上がる可能性がありますからね。

投資家の人はそういう観点で見ているんですね。

日本の不動産が今、海外から注目されてたくさん買われているのは、その表れです。また、韓国では、日本円預金がすごい人気だそうです。韓国ウォンとくらべて、円安ウォン高なので。

そうなんですか。意外です。

歴史的な円安が進む中、「このまま円安が止まらなかったらどうしよう。大変だ。わ〜」と大騒ぎしている場面を何度か目の当たりにしました。

でも、それは残念ながら為替の理屈がわかっていないことによるのかもしれません。

これを知っておけば、資産運用に役立ちそうですね。

今は円の話をしましたが、ドルもユーロも先進国の通貨ならみな同じです。

異常に通貨が安くなっているときに買っておいて、高くなったら売る。儲けるチャンスはいくらでもあるということです。

1-7

Q 円高・円安って消費者にはどう影響する？

A 輸入商品の価格が変化します

▍値上がりの原因は、円安ばかりではない

一方、円高・円安になることで、消費者にもさまざまな影響があると思います。今、食品や電気代が高くなっていますが、これは円安の影響ですよね？

主因は化石燃料や穀物価格の値上がりですが、円安も加担しています。為替が消費者に与える最も大きな影響は、輸入商品の価格が変化して、買いやすくなったり買いにくくなったりすることです。

日本の場合は、輸入しているものが多いので、円安がマイナスに働く側面もあります。

エネルギーはほとんど輸入ですよね。

はい。日本は原油や天然ガスのほとんどを輸入に頼っています。エネルギー自給率は10％程度しかありません。だから、円安になるとそれらの調達コストが上がります。エネルギー価格が値上がりし、消費者の負担が増えます。

自前でエネルギー資源が取れる国は、資源価格が上がるとむしろプラスなんですけどね。

日本は食料品も輸入が多いですよね。

そうですね。小麦、大豆、トウモロコシ、コーヒー豆などの原材料は、日本で十分な量をまかなえず輸入していますから、円安になると、仕入れコストが上がります。それにともない、それらを原料にしている食料品の値段も上がっていきます。

たとえば小麦の値段が上がれば、パンや麺、お菓子が

値上がりしますし、大豆の値段が上がれば、大豆製品や調味料が値上がりします。トウモロコシは家畜の餌になるので、この値段が上がると、お肉や乳製品も値上がりします。

飼料の値段が上がると、肉などの値段に派生していくのか。気づきませんでした。

ただ、**今の値上がりはすべて円安が原因かというと、実はそれだけではありません。**ロシアのウクライナ侵攻で、輸入品そのものが値上がりしています。
たとえば、ウクライナは小麦の世界的な産地ですが、ロシアの侵攻によって小麦の輸出が減りました。すると世界的に小麦が不足しますから、小麦の値段が上がるわけです。

輸入品そのものの値段が上がっている、という要素もあるんですね。

「値上げはすべて円安のせい」みたいなことを言っている人がいますが、それだけじゃないよ、と言いたくなります。

なるほどなー。

「食料とエネルギー」にお金がかかる 日本とEU

あと、これは日本の宿命なのですが、日本は家庭の消費支出に占めるエネルギーと食料の割合がどうしても多くなってしまいます。**両方合わせて消費支出の3割以上を占めています。**

他の国は違うのですか？

アメリカはその半分以下です。エネルギーと食料品が占める割合は1割強しかありません。国内でシェールガスが取れますし、穀物もたくさん取れるので、収入と比較して安く手に入ります。だから、その分、他のことにお金を使えるわけです。

なんと！　ゲームの初期設定で差がついているのか。

ちなみにEU（欧州連合）の国々も、**消費支出に占める食料とエネルギーの割合は4分の1ぐらいあります。**日本よりは若干低いですが、アメリカより圧倒的に多い。日本やEUの国々は、消費のうち4分の1以上を食料とエネルギーに費やさないと生きていけませんが、アメリカは違います。それだけアメリカは豊かということです。

円高だと輸入品やエネルギー価格が下がる

でも、円安は、消費者から見ても悪いことばかりではないんですよ。

為替が動くと、輸出や設備投資が増えたり減ったりするので、そこで働く人の雇用が増えたり減ったり、お給料が増えたり減ったりといったこともあります。

円安の場合は国産品が売れやすくなるので、雇用が増え、給料も増えやすくなります。

円高だとその逆、雇用が減って給料が減るのですか？

そういう面もあります。しかし、良いこともあります。たとえば、輸出商品の売上が減る一方で、輸入商品が安くなります。エネルギー資源も安く仕入れられるので、電気代などの光熱費も下がりやすくなります。

また、円高であれば円安のときよりもより多くの外貨に両替できるため、海外旅行に行きやすくなります。

何事にも一長一短はあるものです。

1-8

Q 日本経済全体から見ると、円高・円安どちらのほうが良い？

A トータルで見ると、円安のほうがGDPは増えます

円安の効果は、「1年遅れ」でやってくる

日本経済全体から見ると、円高・円安どちらのほうが良いんでしょうか？

マクロ経済全体で考えれば、円安になったほうが良いですね。GDPも増えやすいし、税収も増えやすいからです。

それを計算したのが、以下のグラフ（図1-11）です。

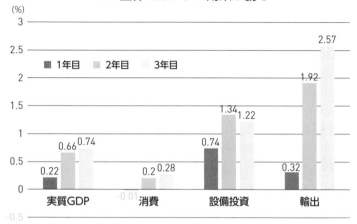

図1-11

10%円安の影響
～GDP全体ではプラス効果が勝る～

(出所)内閣府

これは…？

内閣府が公表している最新のマクロ経済モデルです。いろんな変数が動いたときに、どれだけ経済に影響が及ぶかを計算したものです。

そのうち、2016年までの長期の時系列データをもとに、円安が10％進むときの影響を計算したのが、図1-11です。

ここからわかるのは、**まず円安はGDPにはプラスに働くことです。**1年目で0.22％のプラス、2年目で0.66％、3年目で0.74％と増えていきます。

なぜ、このように増えていくのですか？

ちょっと内訳を見てみましょうか。

一番わかりやすいのが輸出です。2年目に1.92％、3年目に2.57％とかなり増えていますよね。

実は円安になっても、すぐに輸出が増えるわけではありません。まず、円安になって最初に何が起きるかというと、輸入品の値上がりです。その後、日本が海外に売るモノが安くなることで輸出の量が増えるのですが、少しタイムラグがあり、1年ほど遅れます。

これを「Jカーブ効果」といいます。

円安になると、国内の設備投資も増えていますね。

なぜかというと、円安の場合は、海外で作るよりも国内で作るほうが国際競争力は高まるからです。だから国内の設備投資が増えやすくなります。

グラフを見ると、消費は微増かな。

円安になると食料やエネルギーの値段が上がるので、1年目はマイナスになりますが、2年目以降はプラスに転じます。GDPがプラスになると、輸出関連企業を中心に企業も儲かりやすくなりますし、物価上昇で

賃上げも進みやすくなります。その結果、収入が増えていきます。

すると消費が増やせるので、2年目以降は個人消費がプラスになるのです。

進む、日本企業の国内回帰

今の日本は、この通りに進んでいるのでしょうか。

そうですね。今の日本は、2022年の3月から急に円安が進みましたから、輸出の量が増える効果は、2023年から大きく出てくるでしょう。

設備投資に関しては、生産拠点の国内回帰が、2022年からいろいろなところで出てきています。**日本企業だけでなく外資系の企業も日本に工場を作り始めました。**その代表的な例が、世界的な半導体受託企業である台湾・TSMC（Taiwan Semiconductor Manufacturing Company：台湾積体電路製造）の熊本工場です。

あれ、それって四大卒の技術者の初任給が28万で、近隣の賃金よりも3割も高くて…みたいなニュースが出てた企業でしたっけ？

そうです、よくご存じですね。熊本市街地はコロナ禍の影響で空き店舗が乱立し、厳しい状況が続いているようなのですが、TSMC熊本工場の近辺は超好景気ら

しいです。

へえ！　そうなんですか。

TSMCの熊本工場の周りには、以前からシリコンアイランドとして名だたる企業の工場が立ち並んでいるのですが、そこにさらに大きな工場ができると、その周りの住居やお店や学校などが足りなくなります。そうした建設ラッシュで沸いているのです。

すごいな。**周辺の経済がかなり活性化するんですね。**

この熊本のような例のみならず、生産拠点の国内回帰が他の地域でも少しずつ起き始めていて、地元が大盛り上がりとなることもあるようです。

いやあ、すごいな、円安効果。

もちろん、国内回帰が起きている要因は円安だけではありません。「半導体確保のような経済安全保障※のため」「他国への技術流出を防ぐため」「国内の人件費に割高感がなくなってきたから」など、さまざまな要

※一国の経済体制や国民の社会生活の安定の維持を目的に、エネルギー・資源・食料などの安定供給に努めること

因があります。

ただ、**もし今が1ドル80円の状況だったら、ここまで国内工場の新設計画は出なかったでしょう。**

生産拠点が新たにできることで、景気が良くなりそう。喜ばしい傾向ですね。

設備投資の増加はマクロのデータでも証明されていて、日銀が調査を実施している日銀短観（全国企業短期経済観測調査）によると、2022年度の設備投資計画は、現行基準で集計された2004年度以降で最高の伸びを見せています。このまま行くと2022年度の設備投資は95兆円程度まで行く可能性があります。

これはバブル崩壊直後の92年以来の水準です。設備投資はちょっと輸出よりも早めに効果が出やすいんですね。

ここにも、円安のプラスの効果が出ているのですね。

2022年の夏から秋にかけては、円安になってそんなに時間が経っていないので、一番先に効いてくる輸入品の値上がりの影響が出ていて、マイナスを感じやすい状況でした。

「だから、円安はけしからん」みたいな大騒ぎになりましたが、経済全体で見ると、そういう側面だけではないんです。

さっき税収が増えるともおっしゃっていましたね。

はい。**実は2022年度の税収は過去最高を更新しそうです。**また、2022年の経団連の企業のボーナス調査を見ると、ものすごく**ボーナスが増えています。**

円安だとグローバル展開をしている大企業は儲かりやすい、という話はすでにしましたね。これらの企業が儲かれば、税収は増えていきます。
円安だと、中小企業はダメージを受けやすいのですが、もともと中小企業の多くは赤字なので税金を払っていないんですよ。だから、それほど税収には影響がないのです。

円安で、国内にお金が回り出す!?

通貨安がその国の経済にとってはプラス、と一般的に言われているのは、このような理由があったんですね。

大原則として、自国のGDPや所得を増やすためには、まず自国で作ったモノやサービスがたくさん売れることが重要なんです。
というと、輸出面しか見ない人が多いんですが、実はそうではありません。**円安になると、国内のモノやサービスも売れやすくなります。**

国内のモノやサービスも？　なぜでしょう。

たとえば、農産品でご説明しましょう。アベノミクスの前は異常な円高で輸入食材がめちゃめちゃ安かったので、国内の農産品が売れなくて大変でした。

しかし、アベノミクスによって急激に異常な円高が修正された結果、海外の輸入食材が高くなり、国内の農産品が売れるようになったのです。これで、国内の農家は非常に助かりました。

そうだったんですか。

自動車などの工業部品なども売れるようになります。円高の頃は、大手企業が海外から輸入した安い部品を使っていたのですが、円安になってから国内の部品メーカーから部品を調達するようになりました。すると国内にお金が落ちますよね。

旅行も、円安だと海外に行くよりも安い国内旅行にシフトするから、観光地にお金が落ちる？

その通りです。円高であれば、日本円を多くの外貨に両替できるので、海外旅行に行きやすいのですが、今は円安なので、海外旅行に行きづらい。

しかたがないから、贅沢な国内旅行をしようとなりま

す。したがって、レジャーに関する支出も国内に落ちるようになります。

海外旅行に行けないのは残念だなぁと思っていましたが、国内旅行に行くことで、日本の経済には貢献できているんですね。

国内のGDPの面から考えると、どうなるか。海外旅行だと、日本人が海外でじゃぶじゃぶお金を使っても「海外からのサービスの輸入」という扱いになるので、国内で生み出された付加価値を示すGDPにはマイナスとしてカウントされます。それに対し、国内旅行なら、国内でお金を落としてくれるので、GDPにプラスにカウントされます。

つまり、自国通貨が安いほうが国内に富が落ちやすいから、経済にとってはプラスということにはなるのです。

なるほど。このような世の中の仕組みを知っているのと知らないのとでは、経済を見る目がまったく変わってきますね。

円安と円高は振り子のように

もしかすると、国内でお金が回り出せば円安は自然と収まったりする…？　みんな円を欲しがりますもんね。

鋭いですね。円安だと、世界中の人が日本のモノやサービスをたくさん買うようになります。そのときに、自国通貨を円に替えるので、円の需要が増えます。だから日本のモノやサービスが売れやすいときは円高になりやすくなるのです。

反対に、円高になってみんなが海外旅行に行くと、それだけ円を外貨に両替するので、円の需要が落ちて円高が収まりやすくなります。

円安と円高は振り子みたいなものなんですね。

こうした国内外の取引をトータルで見たのが経常収支です。経常収支は、海外から受け取る所得から、国内から海外へと支払った所得を引いたもの。**経常収支の黒字が大きいと、自国通貨が高くなりやすい傾向があります。**

日本は経常黒字、すなわち海外に支払うよりも海外から受け取る所得のほうが多いので、それだけ相対的に円が買われやすかったのです。

そういう国は、自国通貨が高くなりやすいんですね。**日本はこれまでずっと経常黒字だったので、円高になりやすい状況にありました。**

そうだったんだ。

ところが、2022年に入ってロシアのウクライナ侵攻で輸入品の値段が上がったことで、貿易赤字額が拡大し、経常収支の黒字が縮小しました。これも、円安の一因です。

ただ、円安になると日本の商品の国際競争力が高まるので、結果的に円高に向かうことになります。そうやって為替はバランスがとれていくのです。

これがまさに、先述した「ゴルフのハンデ」のようなものです。

面白いなぁ。為替は自浄作用みたいなものがあるんですね。

そうですね。そういう自浄作用が利くから、一般的な先進国は、変動相場制にするわけです。

1-9

Q 円安が日本を貧しくしているって本当？

A 本当の原因は、それ以前の円高放置

日本の購買力は、「50年前」まで衰退

ここまでお話を聞いた感じだと、日本経済全体のためには、円安のほうが良さそうですよね。

でもな～、正直、一生活者としては、円安がプラスに働いている感じがしません。物価が上がっているのに給料があまり上がっていないので、生活が苦しくて。最近、うちの食卓でも肉が減らされていまして…（泣）。「円安が日本を貧しくしている」「今の円安は悪い円安だ」という話も聞きます。

「円安が日本を貧しくしている」という議論は確かに出ていますね。

それは本当なんですか？

日本人の国際的購買力は、大幅に下がっています。なんと50年前の水準まで下がってしまいました。

ええ！　50年前って、1970年代じゃないですか…。

ただ、円安がすべての原因ではありません。
先ほども述べたように、円安ではなくて、新型コロナウイルスやロシアのウクライナ侵攻によって原油価格や輸入品の値段が上がっていることが、背景にあります。日本を貧しくしている本当の原因は別のところにあります。

それは、**長い間、円高が放置されたことです。それに**

よって、日本の経済構造が円安の恩恵を受けにくくなってしまったのですね。

円安の恩恵を受けにくい「構造の罠」

円高の放置ですか…。もう少し詳しく伺っても良いですか？

話は30年前まで遡（さかのぼ）ります。やすおさんは、「失われた30年」って聞いたことはありますか？

日本経済が30年停滞しているって話ですよね？　つまり、ぼくは生まれてこのかた不況しか体験していないってことです。

残念ながら、そうですね。日本はバブル崩壊後、リーマンショックの後にアメリカが取り組んだような積極的な金融・財政政策でデフレを回避し、経済を早期に立て直すべきでしたが、デフレを放置しました。

これが、長期の経済停滞に喘（あえ）ぐ「デフレスパイラル」のもととなり、円高を招きました。

さらに、アベノミクスが始まる前の2000年代後半から2010年代前半にかけて、日本は1ドル＝70〜80円台の円高の状態にありました。なぜかといえば、リーマンショック後、アメリカやEUは量的緩和政策※を

※金利を下げるだけでなく、お金の量を増やすことで景気浮上を図ろうとする金融政策

行ったのに対し、日本はそこまで踏み込まなかったからです。ここでも、デフレを克服するような政策をとるべきなのに、やらなかった。

この状態を放置していたことで、何が起きたか。やすおさん、わかりますか？

（デフレってなんだっけ？　…後で聞くか）え、すいません、なんでしたっけ…??

日本にあった生産拠点がどんどん海外に流出してしまったのです。

先ほど、「生産拠点の国内回帰」という言葉を使いましたが、そもそも生産拠点の多くは日本にあったんですよ。ところが、円高が長く続いたため、日本で作っても製造業が儲からなくなってしまいました。だから、成長期待もあり、労働力が安い海外に拠点を移したのです。

そういえば、うちの実家の近くでも、大企業の工場がなくなったりしていました。うちの会社も海外に工場があります。

確かに、一企業の経営を考えたら、海外に拠点を移すのは合理的です。しかし、日本経済全体から見ると大きなデメリットがありました。

デメリットとは？

国内の産業空洞化を招いてしまい、円安になっても部品などの輸出が増えにくくなってしまったのです。
先ほど、**円安になると輸出が増えて円高に調整されていく、という話をしましたが、それが起きにくくなってしまったのですね。**

それは困りますね。円安の意味がない。

さらに、**今は半導体などの部品が不足していることで、自動車などを生産したくてもできないという現状があります。**これで円安の追い風が吹きにくい状況になっています。

なるほど…。これはキツい。

それに加えて、**インバウンド需要に大きく左右される事業者が増えていたこともあります。**
円安になると外国人観光客が来日しやすくなるので、インバウンドの売上が拡大します。
実際、コロナ禍前は訪日外国人観光客の数が、毎年、過去最高記録を更新していましたね。宿泊施設や飲食店、土産物屋など、恩恵を受けていた事業者は多かっ

たと思います。

そういえばそうでしたね。最近、外国人観光客を見なくなっていたので、すっかり忘れていました。

ところが、新型コロナウイルスの影響拡大で外国人観光客が来なくなり、インバウンドがほとんど伸びなくなりました。
輸出やインバウンドが減れば、円の需要が少なくなります。だから、円高に調整されるどころか、ますます円安が進んでしまったわけです。

なるほど。構造的に円安の恩恵が受けられなくなっていたわけか…。

結果、今は円安の弊害ばかりが目立っています。
もっと根本的な問題を言えば、「低所得・低物価・低金利・低成長」の４低が原因です。
詳しくは拙著『日本病――なぜ給料と物価は安いままなのか』（講談社現代新書）をお読みいただければと思いますが、日本経済はバブル崩壊後の30年の間ほとんど成長していません。
「ジャパニフィケーション」という言葉をご存じでしょうか？　これは、海外のエコノミストがデフレに悩み続ける日本経済を指す言葉です。デフレを放置し、今に至る――。
この辺りは、後ほど詳しく解説して参ります。

円安の恩恵を最大限に生かす

お先、真っ暗じゃないですか…。ぼくたちはこれからどうしたら…。

やすおさん、何事にもデメリットがあれば、反対にメリットはありますよ。**私は、この円安を良い悪いと論じるより、日本政府がこの円安のメリットを最大限に生かすべきだと考えています。**

たとえば、生産拠点の国内回帰や誘致をもっと推進すれば、地方経済が潤い、国内から輸出が増えるでしょう。そうなれば、自然と円安は進みにくくなります。

それは良いですね。

よく「日本は、アメリカのように、IT系のスタートアップがどんどん出てこないからダメだ」みたいなことを言う人がいます。

もちろん、IT系のスタートアップを増やすのも重要でしょう。しかし、その国の国民性に合った得意分野があると思うのです。

たとえば、アメリカはITや金融といった分野の企業が強い反面、モノづくりはそこまで得意ではありません。一方、日本はモノづくりにおいては、今でも非常に優秀だと思います。新興国が安い人件費で台頭して

きたのに、いまだに自動車や機械産業は世界のトップ層にいます。

確かに。なんだかんだいっても健闘していますよね。

せっかく得意な分野があるんだから、そこを伸ばしていく。生産拠点を国内に増やすことはその一つといえるでしょう。

その他にも、安全な原発を再稼働したり、国内のエネルギー効率を上げたりして、化石燃料の輸入を減らせます。

食料自給率も低いので、少し国内の農業の生産性を高めることも必要でしょう。たとえば農地法の改正をして、株式会社が農地を自由に取得できるようにして農業の生産性を上げるべきでしょう。

このように、国内自給率を高めていくような政策を取るのが望ましいと私は考えています。

1-10

Q 「円」って、対ドルでいくらが適正？

A 為替介入の経験では100〜130円が適正

円安も円高も、行き過ぎは良くない

**もう一つ日本政府がしなければならないことは、行き
過ぎた円安を抑えることです。**
円安になったからといって、皆にプラスになるわけで
はありません。円安が行き過ぎると、大ダメージを受
け、バンバン倒産する企業が出てくる可能性もありま
す。また、今のように、物価が上がって、生活が苦し
くなる人も出てきます。

そうなんですよ。それはそれでマズい。

かといって、急激に円高になるのもよくありません。
円高になれば海外でモノが売れなくなり、企業の業績
が下がりますし、株価や不動産価格も下がります。

**残念ながら、日本経済の停滞は深刻で病人みたいなも
のです。**ここで利上げをして無理やり円高にするのは、
病人に筋トレをさせるようなものです。下手したら、

死んでしまいます。

それよりも、**病人に必要なのは栄養摂取による回復です。すなわち、金融緩和を維持しながら円安で潤っている財政を活用して景気を支えることです。**増税のような筋トレは、負荷に耐えられるような体力をつけた先にある話なのです。

なるほど。何事も段階があるってことですね。

その通り。為替レートは極端なショック療法を必要とする状況、つまり行き過ぎた円高も円安も良くなくて、心地いい水準があるのです。

ドル円レートの平均は1ドル109円

では、円は対ドルで考えると、いくらぐらいが適正なのでしょうか？

これはいろんな見方がありますね。

先ほどお話ししたように、90年代後半〜最近までのドル円レートを平均すると、1ドル＝109円程度です。ただ、少なくとも日本政府が望ましいと考える為替の水準は、**だいたい100〜130円の間**と見られます。

なぜ100〜130円なのでしょうか?

過去の為替介入のタイミングを見ると、その枠の中から外れたときに行ってきたからです。

為替介入とは、為替レートが適正ではないと考えられるときに、通貨当局が適正に近づけるように市場に介入することです。

たとえば、円が安くなりすぎたときは、円高に誘導するために、市場で円を買います。これが円買い介入です。逆に、円高になりすぎているときは、円売り介入を行います。

日本では円買い介入も円売り介入も行われていますか?

過去を振り返ると、両方行ったことがあります。最後に円売り介入をしたのは、2011年11月で民主党政権のときでした。

円買い介入は、1998年に実施してからしばらくしていませんでしたが、2022年の9月から10月にかけて24年ぶりに実施しましたね。

今回の円買い介入以前に行われた円買い介入のときの為替と、円売り介入のときの為替の平均水準を計算すると、だいたい円買い介入のときは130円程度、円売り介入が100円程度のときでした。

先日、円買い介入を行ったときは、1ドル140円を超えていましたよね？

過去の政策当局の行動から考えると、とても容認できる範囲ではなかったということでしょう。
鈴木財務大臣や日銀の黒田総裁が「急速な円安は日本経済にとってマイナス」と言い始めていたのですが、それは「そのまま放置するわけにはいかない」という意味だったのでしょう。

為替介入はどうだったんですか。うまくいったのか、いかなかったのか。

あとで詳しく説明しますが、私は介入した成果はあったと思っています。ただ、介入だけで為替をコントロールすることはなかなか難しいのです…。

さて、今日はここまでにしておきましょうか。なぜ、為替のコントロールが難しいのか、2限目でご説明したいと思います。

1限目まとめ

- 円を他国の通貨と交換するとき、もらえる他国の通貨が多いほど、円の価値は高い。逆に他国の通貨が少ないほど、円の価値は低い。

- 為替は基本的に米ドルと比べて円高か円安かが重要。

- 経済が好調な国の通貨は価値が上がりやすく、不調な国の通貨は下がりやすい。

- 同じスペックの商品ならば、高い通貨の国の製品は買われにくく、安い通貨の国の製品は買われやすい。

- 円安の場合、海外での儲けを円に両替したときに儲けが増える。そのため、輸出関連企業は儲かりやすい。一方、円高の場合、海外での儲けを円換算すると儲けが目減りしてしまう。

- 一般的に大企業は円安の恩恵を受けやすく、中小企業は円安のダメージを受けやすい。

- 株価は、円安だと株高、円高だと株安の傾向アリ。

- 円高・円安が進むと、企業の業績も上方修正されたり、下方修正されたりする可能性が高い。

- 円安で不動産価格は上がりやすく、円高で下がりやすくなる。

- 円安になると、外国人投資家にとって日本の不動産や株を割安で買えるチャンス。反対に円高は、外国人が不動産や株を割高に売れるチャンス。

- 一般的な先進国で、通貨の価値が下がり続ける可能性は低い。そのため、異常な円安が続く可能性も低い。

- 円安のほうがGDPも税収も増えやすい。

- 経常収支が黒字の国は通貨高になりやすい。経常黒字国の日本は円高になりやすい体質だったが、ロシアのウクライナ侵攻により原油高の煽りを受けて貿易赤字額が拡大。経常収支の黒字幅が縮小したことが、円安の一因となった。

- 日本人の国際的購買力は、50年前の水準まで低下。原因は、円高が放置されたことにより生産拠点が海外に流出し、円安の恩恵を受けにくくなったことも一因。

「金利と為替」の関係

円高・円安って どうやって決まる？

円高と円安の仕組みは、大体わかった。なんだか、為替ってシーソーみたいだ。ずーっと、片方が浮き続けることも、片方が沈み続けることもない。バランスを取り合って、動いている。

でも、為替ってなんで動くんだろう？　シーソーの原動力は人だけど…。今日は、そこのところについて聞いてみよう。

Q	為替相場を動かす大きな要因とは？
A	短期的には「2国間の金利差」と「インフレ率格差」

為替相場を動かす「2大要因」

1限目の最後に、「今の日本は円安ドル高が良いけれども、1ドル140円台は行き過ぎ」とおっしゃっていましたよね。なぜ、日本が望まない為替レートになってしまったんですか？

変動相場制を採用する以上、望まない為替レートになるケースがあるのは、ある程度仕方のないことです。ただ、為替を動かす要因はある程度、政策によってコントロールできます。そこがうまくいっていないのが、行き過ぎた円安ドル高になっている原因です。

為替を動かす要因って…？

いろいろありますが、**とくに大きな要因は「2国間の金利差」と「インフレ率格差」**です。金融的な側面から見た為替の変動要因が「2国間の金利差」、実体経済の為替への影響が「インフレ率格差」になります。

2国間の金利差とインフレ率格差…??　なんだかまた難しそうな…。

一つずつ、ゆっくり説明しましょうか。今日の講義では、「金利」について学んでいきましょう。
インフレ率格差、つまり物価にまつわるお話は3限目で説明します。

政策金利とは何か？

まずは「2国間の金利差」からご説明しましょう。短期的な為替の動きは、「インフレ率格差」よりも、「2国間の金利差」に左右されます。

金利差、金利…う〜ん。ニュースでよく聞くので、なんとなくわかった気になってるんですけど、本当はよくわかってないんですよね…。というか、そもそも金利ってなんだっていう…。

本当にざっくりと言えば、「お金を貸し借りすることで発生する手数料」みたいなものですね。

あぁ、そう言ってもらうとわかりやすい。そういえば、ぼくと同じように家の購入を検討している友達から、「今は金利が低いから借りやすい」なんて話を聞きました。

私たちにとってもっとも身近な金利の話は住宅ローンかもしれませんね。あるいは、銀行の普通預金や定期預金も、金利がつきものです。

ただ、経済ニュースでいう「金利」は、住宅ローン金利でも普通預金の金利でもありません。金融市場で取引されている金利のことを指します。

あの…、金融市場で取引されている金利って…?

金融機関同士が短期的にお金を貸し借りする短期金融市場の金利（短期金利）や、国債市場で取引されている国債の利回りのことです。

なお、短期金利の取引期間は1年未満です。一方で、金融機関が1年以上のお金を貸し出す際に適用する金利を「長期金利」といいます。中でも代表的な長期金利が、取引量が多く日銀の金融政策の目標となっている10年国債の利回りです。

なるほど！

ちなみに、短期金融市場の金利は各国の中央銀行が決定する金利を基準として動いています。この中央銀行が決める金利を一般的に「政策金利」と言います。

実は、日本は少し複雑なのですが、「政策金利＝金融機関がお金を貸し借りする市場の金利」と単純化した

ほうが、政策金利の仕組みを理解しやすいので、今の時点ではそう考えておいてください。

この「政策金利」は何の意味が？

政策金利はものすごく重要ですよ。なぜかというと、**これを上げたり下げたりすることで、国の経済をコントロールしている**からです。

各国の中央銀行が政策金利を変更できて、日本では日銀がその権限を持っています。

一般的に、景気が過熱したときは政策金利を上げ（利上げ）、景気が冷え込んでいるときは下げます（利下げ）。ニュースで「金融緩和」という言葉を聞いたことがありませんか？　その手段の一つが、利下げです。

なんとなく理由はわかりますが、なぜ利上げや利下げをすると景気に影響するのか、教えてもらえますか？

一つずつ説明していきます。

まずは、景気が過熱して利上げする場合から。

たとえば日本が好景気だとしましょう。一見良いことのように思えるのですが、好景気が行き過ぎると、デメリットもあります。インフレ（物価高）や人件費の高騰などで生活が不安定になってしまうのです。

そこで、日銀が利上げを決定します。すると金融機関は、金融機関同士がお金を貸し借りする市場で、以前より高い金利で資金調達しなければならなくなります。

そうすると、企業や個人への貸出においても、金利を引き上げなければ経営が成り立ちません。当然、企業や個人はお金を借りにくくなります。そうして、景気は冷え込んでいきます（図2-1）。

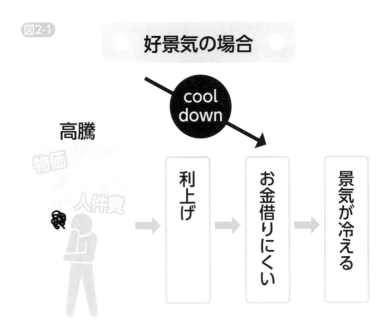

図2-1

好景気の場合

cool down

高騰

物価

人件費

利上げ → お金借りにくい → 景気が冷える

なんだか、人の体みたいですね。ということは、景気が冷え込んでいるときは、その逆？

その通り。不景気だと物価や人件費が上がりにくくなって、それが行きすぎてデフレになれば、社会全体が貧しくなっていきます。
そこで日銀が利下げをすると、その分、金融機関は金

融機関同士がお金を貸し借りする市場で、低い金利で資金調達できます。

すると、金融機関は企業や個人への貸し出しにおいても金利を下げられます。金利が下がれば、「今がチャンス！」とお金を借りる企業や個人が増えるし円安にもなるので、設備投資や住宅購入、輸出などが増えます。その結果、経済が活性化するというわけです（図2-2）。

図2-2

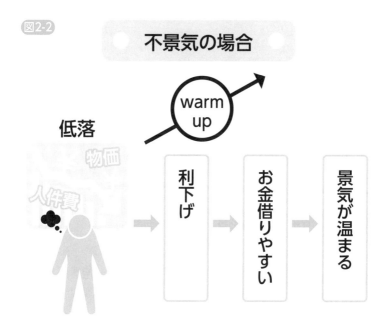

不景気の場合

warm up

低落

物価

人件費

利下げ　→　お金借りやすい　→　景気が温まる

住宅ローンや定期預金などの金利は、政策金利と関係ありますか？

密接に関係しています。たとえば、**政策金利が上がると、住宅ローン（変動型）や定期預金などの金利も上がりやすくなるのです**。だから、生活をしていくうえでも、政策金利の動向は注目しておいたほうがいいですよ。

日本とアメリカ、預金をするならどっち？

政策金利が自分の生活にも関係してくることはわかりました。でも、その政策金利が為替とどう関係してくるのか…。

政策金利は日本だけでなく各国が定めている、と言いましたよね。**2つの国の政策金利を比べた場合、金利が高くなるほうの通貨が高くなります。**
わかりやすいのは、現在の日本とアメリカです。どちらの金利が上がっているか、わかりますか？

まったく、バカにしては困りますよ!!　答えは…アメリカ、ですよね？

ちょっと自信なさそうでしたね（笑）。やすおさんの言う通り、現在はアメリカのほうが日本よりも圧倒的に金利が上がっている状況です。もともと差があったのが、ここ1年でグングン引き離されています。

さて、日本とアメリカ、どちらかの国で定期預金をするとしたら、どちらの国を選びますか？　手数料などは考

えず、純粋に金利の高さだけで選ぶとしたら、です。

そりゃあ、金利が上がっているアメリカの銀行に預けたほうがいいですよね。利子がたくさんつくんですから。

そうですよね。やすおさんと同様に、多くの人は米ドルで預金や資産運用をしたいと考えるでしょう。

そうなると、何が起きるか。円よりも米ドルの需要が高まるため、円の価値が下がり米ドルの価値が上がります。つまり、円安ドル高になるのです。

まとめると、**2国間の金利差が為替レートに大きな影響を与えます。今後、金利が上がりそうな通貨は買われやすくなるということです。**

「為替と金利って関係あるのか？」って思ってましたけど、めちゃくちゃ関係あるじゃないですか。

2-2

Q　ニュースでよく聞く、マイナス金利ってなに？

A　銀行がお金を預ける日銀口座の金利がマイナス。預けるほど損に

マイナス金利、よくできた仕組みのはずが…

政策金利の話で、「実は日本は少し複雑」とおっしゃ

っていましたよね。アレはどういうことですか？　気になっちゃって…。

2016年から、政策金利が日銀当座預金の超過準備預金の金利になったのです。

にちぎん…じゅんび…漢字だらけでさっぱり頭に入ってきません。

一つひとつ説明しましょう。
日銀当座預金とは、民間の金融機関がお金を預ける日銀の口座のことです。民間の金融機関は日銀の当座預金に一定量のお金（準備金）を預けなければならないルールがあるのですが、その準備金を超えた額を預けていると（準備預金）、その分の金額には利子がつくのです。私たちが銀行口座にお金を預けていると、利子が得られるのと同じようなものです。

預けておくだけで、利子が増えるならいいですね。

そうですね。以前までは。

以前までは!?

2016年以降、準備預金の中でも預けすぎた部分（政策金利残高）に関しては金利がマイナスになりました。22年時点でマイナス0.1％になっています。

つまり、預けすぎると反対に利子を取られてしまうのですね。ニュースでよく言われている「マイナス金利」は、このことです。

ええ！　預けると利子が取られる銀行口座なんて理不尽じゃないですか。そんな口座に預けたくないよ～。

そこがマイナス金利の狙いです。

金融機関は日銀当座預金にお金を預けすぎたら損しますから、何らかの形でお金を貸そうとします。

そこで、金融機関が法人や個人に低金利で貸し出すようにしむけるのです。

その結果、借りたい人にお金が回るようにして景気が回復することを狙っています。

すごくよくできた仕組みじゃないですか！

本当はそのはずなのです。しかし、**今の日本はマイナス金利でもお金を借りる人が思うように増えず、景気が十分に回復していません。それが大きな課題です。**

うむぅ…、なかなかうまくはいかないものですね。

なかなか根が深い課題です。この原因に関しては追々説明いたしますので、とりあえずは金利の説明を続けましょうか。

2-3

Q 他国の政策金利もチェックすべき？

A アメリカとEUの政策金利をチェックすればOK

日本・アメリカ・EU──それぞれの政策金利

２国間の金利差で為替が動くということは、海外の政策金利もチェックしておいたほうがよさそうですね。

おっしゃる通りですね。市場へのインパクトを考えると、日本人が見ておくべき海外の政策金利は、アメリカとユーロ圏ぐらいで良いと思います。

実際に、データを見てみましょうか。以下は1980年以降のアメリカとユーロ圏と日本の政策金利です。次のように推移しています（図2-3）。

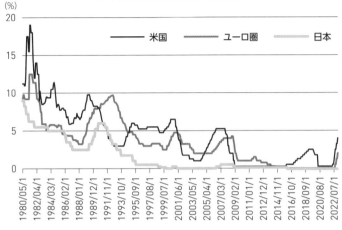

図2-3

主要中銀政策金利
～日本だけ長期金利も政策金利～

(%)

—— 米国　　—— ユーロ圏　　—— 日本

(出所)FRB、ECB、BOJ

改めて日本の金利の低さが際立ちますね。90年代後半から長期にわたって続いています。

日本は2016年にマイナス金利を導入してからずっとマイナス0.1％ですからね。一方、アメリカもユーロ圏も経済が過熱しているので急ピッチで利上げをしている状況です。

アメリカは「FF金利」をコントロール

日本の政策金利の話は聞きましたが、他の国の政策金利はどうなのですか？

金融機関に対する金利をコントロールするというのは同じですが、細かいところで違いがあります。

まず、政策金利のなかでも最も注目されるアメリカの政策金利は、フェデラル・ファンド金利（FF金利）と呼ばれます。

フェデラル・ファンド金利？

民間銀行同士でお金を貸し借りし合う市場で適用される金利のことです。

アメリカでも民間銀行が中央銀行に一定量のお金（準備金）を預け入れる決まりがあります。

ただ、時には業務のために準備金が足りなくなることがあります。そのとき、フェデラル・ファンド市場でお金を借りるのです。

金利は借りる期間によって異なるのですが、そのうち「今日借りて明日返す」最も短期間の金利のことを「FF金利」と呼びます。

先ほど説明していた日本の「無担保コール翌日物金利」と同じですね。

アメリカではこのFF金利を政策金利として、コントロールしています。そして、その誘導目標を0.25％のレンジで決めています。

2022年12月時点では、FFレート誘導目標レンジは

4.25～4.5％程度になっています。

||ユーロ圏の政策金利は3つ

もう一つ、ユーロ圏の政策金利はどのような仕組みなのでしょうか。

ユーロ圏は、ユーロの中央銀行といえるECB（欧州中央銀行）が「市場金利の上限・中心・下限」の3段階の政策金利を定めています。ちょっと複雑ですが、先ほど見た図2-3に使われている指標「中心」だけでも覚えてください。

なんで3つも？

ドイツの中央銀行であるブンデスバンクからの伝統を引き継いでいるからです。

さすが、歴史あるヨーロッパ！

3つとも、どれも民間銀行が中央銀行からお金を借り入れたときに適用される金利のことを指します。
まず「上限」は、「限界貸付ファシリティー金利」。金融機関が市場で資金を調達できないときにECBから資金を借りる金利です。

そして、「中心」となる主要な政策金利は、「主要リファイナンス・オペ金利」。EUの金融機関が国債等を担保に、ECBから資金供給を受けるときの金利です。
「下限」は「預金ファシリティー金利（中銀預金金利）」。金融機関が手元の余剰資金を各国の中央銀行に預けるときに適用されます。

それぞれの金利水準は？

2022年10月に3つの金利すべてが0.75％引き上げられることが決まりました。限界貸付ファシリティー金利（上限）が1.50％から2.25％、主要リファイナンス・オペ金利（中心）は1.25％から2.00％、預金ファシリティー金利（下限）は0.75％から1.50％になりました。

マイナス金利の日本とは大きな違い！

EUもマイナス金利でしたよ。預金ファシリティー金利（下限）が2014年6月からマイナスでしたが、2022年の7月に0％に引き上げられ、マイナス金利を脱却しました。

利上げをしているのはユーロ圏が物価高（インフレ）にみまわれているからです。インフレが収まっていな

いので、さらに利上げされることが見込まれます。

パウエル議長の「ひと言」で、為替が動く

（さっきから、ちょこちょこインフレとかデフレとかいった言葉が出てくるな…）とりあえず、アメリカ、EU、日本、この3つの地域の政策金利に注目すれば良いのですね？

はい、あとはできればで構いませんが、**各中央銀行のボードメンバーの発言も押さえておきたいところです。**

ボードメンバー？

ボードメンバーとは、金融政策を決めるFOMC（連邦公開市場委員会）や日銀の政策委員会などのメンバーですね。
最近でいうと、2022年8月にアメリカ・ワイオミング州のジャクソンホールで各国中央銀行の要人が集まる経済シンポジウムが開かれたのですが、その席で重要な発言がありました。

何があったんですか？

FRBの議長であるジェローム・パウエル氏が「景気に痛みをともなってでも、インフレを抑えなければならない」と言う内容の、すごくタカ派な発言をしたんですね。

その後に、円安ドル高が進み、アメリカの株価も下がりました。パウエル議長の発言からいって、市場関係者は「9月のFOMCは50bp（0.5％）の利上げだと思っていたが、これは75bp（0.75％）の利上げだ」と織り込むようになりました。

たった一言に、かなりの影響力があるんですね。 不用意な発言はできないですね。

こういうことがあるので、私だけでなく市場関係者は、どの要人の講演があるか全部チェックしています。

2-4

Q イールドカーブ・コントロールとは？

A 長期金利をコントロールすること。日本は世界で唯一操作している

「10年物国債の利回り」を見てみよう！

ここまで、短期金利のお話だったかと思いますが、長期金利という話も出てましたよね？

はい。長期金利もありますよ。ちなみに、世界各国が政策金利によってコントロールしているのに対して、日本だけはもう一つ、長期金利の操作もしています。それが**「イールドカーブ・コントロール」と言われるものです。**

また聞き慣れない言葉が…。イール…なんですか!?

イールドカーブ・コントロール。
日本語でいうと、「長短金利操作」。2016年に導入され、正式には「長短金利操作付き量的・質的金融緩和」といわれています。
まぁ、やすおさんがピンと来ないのもムリはありません。日経新聞の記事でもよく出てきますが、理解している人は少ないと思います。

具体的には、何をコントロールしているんですか？

10年物の国債の利回りです。
10年物の国債とは、10年後に満期が来て現金化する長期国債のことです。国債にも、2、5、10、20、30、40年ものなど色々と種類があるんですが、10年物が市場における国債売買の中心銘柄であることから、長期金利の指標として扱われています。

他の国ではコントロールしないんですか？

 アメリカをはじめとした多くの国では、政策金利というと短期金利のコントロールしかしていません。
10年国債の利回りのような長期金利までコントロールしているのは、今のところ日本だけです。

 利回りのコントロールって、具体的に何を？

 10年物の長期国債の金利がゼロ％程度で推移するようにしているのです。金利がマイナス0.25〜0.25％のレンジ内に収まるように設定されています。

 どうやってレンジ内に収めるのですか。

 日銀が民間銀行から長期国債を、上限を設けずに必要なだけ買い入れるのです。国債を大量に買えば国債価格が上がり、利回りが下がりますからね。
このように、**長期国債を買い入れることを、公開市場操作の「買いオペ」といいます。**ちなみに近年、日銀は上限金利0.25％で無制限に国債を購入する「指値オペ」をしています。
なお「指値オペ」は、日銀が利回りを指定して（＝指値）、国債を無制限に買い入れる措置、「買いオペ」は、

買い入れ金額を明示して実施するもの。指値オペは金額に制限をつけず買い入れるので、特別かつ強力な措置と言えます。

この逆が「売りオペ」です。

そんなものがあるんですね。でも、誘導するなんて…。強い権限を持っているのなら、そんな回りくどいことをせずに、日銀が金利を自由に決めちゃえばいいのに。偉いんでしょう？

そこまではできない決まりなんです。国債市場の金利は、投資家の自由な取引の結果で決まるため、日銀がむりやり決めることはできません。

だから、市場にお金を供給したり吸収したりして、金利を目標水準に誘導するのです。ちなみに、政策金利に関しても同じです。

日本は、長期金利を操作せざるを得ない！

ふ〜ん。でもなんで、日本だけイールドカーブ・コントロールとやらをするんですか？

マイナス金利政策によって、弊害が出てきてしまったからです。具体的には、**満期が短い国債よりも、満期が長い国債の金利が低くなってしまいました。**

それって、何がいけないんですか？

通常は、国債は満期が長くなるほど、金利が高くなります。たとえば、2年国債よりも10年国債のほうが高くなるのです。

考えてみれば、当然ですよね。お金を長く預けるほうが、より多くの金利という見返りがもらえるようにしないと、長くお金を預ける意味がありません。

確かに。それが、逆になってしまったと…。

そうなんです。これを「逆イールド」と言います。

逆イールドになると、金融機関は大ダメージを受けます。**金融機関は低い短期金利でお金を調達して、長期でお金を貸して短期金利よりも高い利子を得ることで儲けを出している**からです。

この利子の差を「利ざや」といいます。それが成り立たなくなってしまうのですね。言ってみれば、商品価格より原材料のほうが高いみたいな話です。

それは困りますねぇ。

さらに年金の運用なども国債で行われているので、こちらにも支障をきたします。だから、10年国債の金利が下がりすぎないように、10年国債の需給を調整しようというわけです。

ぼくたちの年金が!?　なかなか綱渡りのようなことをしているのですね…。

米ドル／円はアメリカの長期金利と連動

2022年には最高で1ドル＝150円台の円安ドル高になりましたね。

その大きな理由は、2021〜2022年に日本は金利が上がらないように無理やり抑え込んだ一方で、アメリカでどんどん利上げ観測が強まったからです。

以下は、こうした金融政策の動向が如実（にょじつ）に反映されるアメリカと日本の長期金利（10年国債利回り）と、米ドル／円の動きを示したグラフです（図2-4）。

図2-4

為替と日米長期金利
～日金利変動少で事実上米金利に連動～

円／ドル

凡例: 日長期金利　米長期金利　ドル円

（出所）トムソンロイター

日本は10年国債の利回りが0.25％を超えないように
ずっと金利を抑え込んでいる一方、アメリカの長期金
利の水準は大きく動いていることがわかるでしょう。

確かに、ドル円とアメリカの長期金利はほとんど同じ
ように動いていますね。

はい。米ドル／円はアメリカの長期金利と連動してい
るのです。
歴史的に見ると、日本とアメリカの金利差が拡大して
いくと円安ドル高になりやすく、金利差が縮小すると
円高ドル安になりやすくなります。

厳密に言うと、金利差とは期待インフレ率を加味していない「名目金利差」ではなく、名目金利から期待インフレ率※を除いた「実質金利差」なのですが、難しいですし、短期的には「名目金利差」だけでだいたい説明がつくので、金利差＝名目金利差と考えてもらって構いません。

金利差によって為替レートが動いているというのがこれでおわかりいただけるでしょう。

2-5

Q なぜ日銀は金利を上げないの？

A 悪い景気にさらに冷や水をかけることになるから

栄養が足りない人から「栄養を絞ってはいけない」

でも、海外は相次いで利上げをしていますよね？　アメリカにEU圏、イギリス…。

にもかかわらず、日本は一向に利上げをしない。**これって、各国との金利差が広がって、行き過ぎた円安を放置していることと同じなんじゃ？**

なんで、黒田総裁は頑なに金利を上げないのでしょうか？

※市場がインフレ（物価上昇）に対して将来に期待する予測値のこと

これは単純明快です。利上げをしたら、ますます景気回復の足を引っ張ることになるからです。

ええ、そうなんですか！

はい。2-1で景気の過熱と冷え込みのお話をしましたよね。今の日本は景気が冷え込んでいます。この状態で金利を上げると、ますます企業や個人がお金を借りにくくなります。

たとえば、企業は設備投資を躊躇（ちゅうちょ）するようになりますし、個人はローンを組んで住宅を買いにくくなります。これでは景気は回復しません。**言うなれば、栄養不足の状況なのにさらに栄養をとりにくくするようなものです。それはマズいでしょう？**

はい、起き上がれなくなっちゃいますね。

実際に短期金利を1％引き上げた場合、どれぐらい影響が出るか。それを試算したのが次のグラフです（図2-5）。

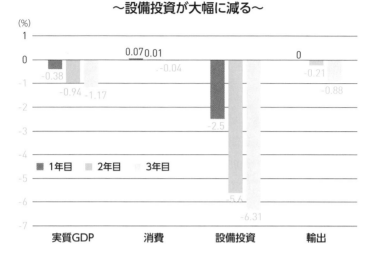

図2-5

1％短期金利引き上げの影響
～設備投資が大幅に減る～

(%)

	実質GDP	消費	設備投資	輸出
1年目	-0.38	0.07	-2.5	0
2年目	-0.94	0.01	-5.4	-0.21
3年目	-1.17	-0.04	-6.31	-0.88

■ 1年目　■ 2年目　■ 3年目

(出所)内閣府

なんか…いろいろとマイナスですね。

そうなんです。まずGDPがマイナスですね。なかでも一番のマイナスは設備投資。設備投資はお金を借りて行われることが多いので、金利が上がれば当然控えるようになります。

消費に関しては、家計だけで考えると金利アップによって貯金の利息が増えるので短期的にはプラスです。しかし、それを設備投資のマイナスが一気に打ち消すので、GDP全体が減ってしまいます。輸出も、金利を引き上げると円高になり、国産のモノやサービスが

売れにくくなるため、2年目以降はマイナスになっていますね。

利上げだけでなく「利下げもできない日本」

本当は、今の日本経済は利上げどころか、さらに利下げしたほうがいい状態です。
しかし、**日銀はやれることはかなりやってしまっているので、追加緩和のハードルは高いでしょう。だから緩和を続けているのです。**

やれることは限られている…。もっと追加緩和するとマズいのですか？

これ以上金融緩和をすると、**むしろ副作用のほうが大きいという見方もありますからね。**
今以上にマイナス金利を深掘りすると、経営が成り立たなくなる金融機関が出てくる恐れがあります。金融機関はお金を貸して利子を得ることが収入の柱ですから、その利ざやが減れば収益も減ります。
金融機関の経営が傾けば、企業も個人もお金を借りられなくなる可能性があります。貸し剥がし※が起こるリスクも高まるなんてことも言われています。

にっちもさっちもいかない…。

※金融機関が融資先から期日よりも早く資金を回収しようとすること

また、我々の年金運用にも影響が出てくる可能性も指摘されています。

 え！　我々があんなに取られている年金に影響が!?

 はい。かなりおおざっぱに言えば、年金は一部国債で運用しているので、さらに金利が下がると運用益が得られにくくなります。

 勘弁してくれよぉぉぉ。

 普通の国であれば金利がものすごいマイナスになったら、「これはお得だ！」とたくさんお金を借りて使うものなんですが…。

日本人の場合は暮らしが良くならないことに慣れ過ぎていて、低金利にしてもお金を借りる人が少なくなっています。だから、金利を下げても効果が出にくいんです。

このように、もはや金融緩和をしても効果が出にくい状態のことを、経済学的には「流動性の罠」といいます。

┃日本は、点滴では回復不可能。即手術！

 利上げもできなければ、利下げもできない…。絶望か。

はい、かなりマズい状況です。

何か手はないんですか？

金融政策だけではもはや難しいのですが、まだ財政政策が残されています。
そもそも、景気をコントロールする「マクロ安定化政策」には、金融政策と財政政策の2つがあります。金融政策とは、これまでに説明した公開市場操作などの手段を用いて金利やお金の量を動かし、物価や雇用の調節を行うことです。

財政政策はそれとは違うわけですね。

財政政策は、国の歳入や歳出を調節することで、経済を支える政策のことです。所得税や法人税、消費税などの減税、給付金・補助金、道路や橋などを建設したりする公共事業が主な方法です。

金融政策と同時にすればよかったのでは？

財政政策をまったくしていなかったわけではありません。しかし、**世界の主流な経済学の考え方では、金融**

政策を優先して行うべきとされています。

なぜかというと、金融政策は機動的にできるからです。財政政策はすぐにできるわけではありませんからね。

時間がかかるんですね。

ただ、**日本のように金融政策を限界に近いところまでやっても経済がもとに戻らない場合、もはや財政政策以外に残された手はありません。**

金融政策は、言ってみれば「点滴」のようなもの。体調が悪いときに点滴をすればすぐ回復するのですが、日本経済という体が点滴だけで回復するのは、もはや無理です。何らかの大手術をしなければ回復しない状況まで来ているんですね。

なるほど、日本ヤバイですね…。対処療法よりも、抜本的な見直しをしなければ解決につながらないのか。

そういうことですね。時間は限られていると思いますが、今ならまだ間に合うと思います。

日銀の総裁が替わったら政策は変わる？

そういえば、日銀の総裁は2023年4月に新たな総裁に替わるそうですね。総裁が替われば、金融政策が変わるのでしょうか？

これは、経済状況次第ですね。

これまで日銀の総裁は、財務省出身者と日銀出身者のどちらかが就いてきました。かつて、交互に就任する「たすき掛け人事」と呼ばれる慣行がありましたが、それが復活するのであれば、黒田東彦（くろだはるひこ）総裁が財務省出身者なので、次の総裁は日銀出身者になる可能性が高そうです。

日銀出身者だと何か変わるんですか？

日銀出身の方は今の金融政策が特殊だと思っている向きが強いので、黒田さんが行った政策をできるだけもとに戻したいという意識は高いと思うんですね。すると、金融政策が修正される可能性は高まると思います。とはいえ、来年のどこかでアメリカが景気後退に入り、利上げを打ち止めにして、利下げの観測も出てくるような状況になったら、いくら日銀出身の総裁でも金融政策は修正しにくくなると思います。

つまり、利上げはしない？

おそらく。黒田さん以前の日銀は、頑なに大胆な金融緩和を拒んできました。

本当は日本経済の病状が厳しいのだから、それに合わせて金融を緩和しなければいけなかったのです。しか

し日銀は、十分金融を緩和しない政策を続けてきました。

3限目で説明しますが、購買力平価（こうばいりょくへいか）の市場レートの差を見てもらうと一発でわかります。

購買力平価？　難しい話はよくわかりませんが、そのツケが今に回ってきているということなんですね…。

そうですね。確かに、高度経済成長を経験してきた人たちからすると円の通貨価値は重要なのかもしれません。しかし、**今の日本のように成熟した国は、経済の状況に応じていかに為替を安定させるかが重要**です。

2-6

Q そもそも、変動相場制に移行したのはなぜ？

A 同盟国アメリカの事情です

日本が強かったのは、
「円が実力以上に安かった」から

ここまで話を聞いていて思ったんですけど…、為替って海外の金利でコロコロ変わるじゃないですか。
正直、複雑だし面倒ですよね。**固定で良くないですか？**

1971年までは1ドル＝360円の固定相場制でしたよ。
しかし、1973年2月に変動相場制へ移行しました。

なぜ、わざわざそんな…？

同盟国であるアメリカの事情です。
第二次世界大戦後の日本は奇跡的な復興を果たし、輸出でものすごい利益を得るようになったのは、やすおさんもご存じですよね。
一方、アメリカは経済状況が苦しくなりました。ベトナム戦争で多額の戦費を失ってしまったからです。
それだけではありません。アメリカは貿易戦争でも負けるようになりました。

それはなんか知っています。日本メーカーとの競争に負けてしまったんですよね。

はい。アメリカでは、国内の消費が旺盛だから、日本をはじめとした海外からたくさんモノを買います。すると、自国の製品よりも競争力の高い海外製品が選ばれてしまうんですね。
たとえばアメリカは昔、自動車産業で栄えていたのですが、ドイツ車や日本車などの優秀な車が国内に入ってくるようになると、競争にならなくなりました。
その結果、貿易収支が赤字になり経常収支も赤字にな

ってしまったのです。

でも、日本が変動相場制になるのと何の関係が？

当時は金・ドル本位制のもとで貿易の決済はすべてドルで行われていたので、市場にはドルが溢れ、諸外国も多額のドルを保有していました。

その結果、「このままドルが過剰に供給されれば、金と交換できなくなるのでは？」との不安が市場に徐々に広がりました。

こうしてドルを金に交換する動きが強まったことで、当時のアメリカ大統領であるニクソンは、ドルの金への交換を一方的に停止する措置を取ったのです。これが、1971年の「ニクソンショック」と言われる出来事でした。

ふむふむ。

日本の輸出品が世界的に高い競争力を得ていた背景には、1ドル＝360円の固定相場制によって円の値段が経済の実力以上に安いことがありました。

そこで1971年の12月にスミソニアン協定によって、1ドル＝308円に切り下げたわけですが、それだけではアメリカの苦境は変わりませんでした。

そこで、円の価値を経済の実力通りにするために、ア

メリカの要望によって変動相場制に移行させられたわけです。

ええ、それってアメリカの事情ですよね。日本が変動相場制を取らなければならない理由にはならないのでは…。

「国際金融のトリレンマ」とは何か？

他に選択肢はなかったのですか？

通貨政策に関して「国際金融のトリレンマ」という考え方があります。それを考えると、変動相場制の選択はやむを得なかったと言えるでしょうね。

「国際金融のトリレンマ」って、何ですか？

対外的な通貨政策をとる際、３つの政策のうち必ず１つは諦めなければいけないという国際金融理論の一説です（図2-6）。
その３つとは、「為替相場の安定」「金融政策の独立性」「自由な資本移動」です。

図2-6 国際金融のトリレンマ

自由な資本移動

為替相場の安定
（固定相場制）

金融政策
の独立性

ひとつずつ、教えてください！

まず、為替相場の安定とは、為替レートが一定で変動しないこと。つまり、固定相場制ですね。

金融政策の独立性とは、自国の都合で金融政策を決めて実行できることを意味します。

自由な資本移動とは、制限なく国外に資本を移動したり、国内に資本を入れたりできることです。

このうち、一つは必ず諦めなければならないわけですが、**特別な事情がない限り先進国は大抵「為替相場の安定」を諦めます。要は、変動相場制を選ぶのです。**

え、なんでですか?

変動相場制が持つ「自浄作用」のメリットが大きいからです。変動相場制は自然と自国の経済状況に見合った為替レートに調整されやすい特徴があります。

そうか! それが、先ほど伺った「ハンデ」の話?

そうです。変動相場制において、経済状況が悪い国はハンデがたくさんもらえます。経済状況が悪くなると、金融緩和などによって自国通貨が安くなるので、国際競争力が自動的に高まるということですね。
反対に、今のアメリカのように経済が過熱した国では、金融引き締めなどによって自国通貨が高くなるので、国際競争力が弱まり経済を冷ますことにつながります。
つまり、長い目で見たら、よからぬ方向へ行った経済状況を修正する力が働きやすくなるのです。

修正する力は大きいですね。

2022年8月〜9月の間の1カ月で約10円も円安ドル高が進んだように、為替レートが短期間で大きく動くことがあります。

短期的に見れば、企業が将来の計画を立てにくくなるデメリットがあるでしょう。ですが中長期的に見ると、為替レートが経済状況に応じた水準に調整されるので、メリットが大きいのです。

この仕組みがあることで、大きな経済の落ち込みや過熱を防げます。だから普通の国は、金融政策の独立性と自由な資本移動ではなく、為替相場の安定を放棄して変動相場制を選ぶのです。

金融政策の独立を捨て、発生した「EU内格差」

なるほど。じゃあ「金融政策の独立性」を放棄した国はあるんですか？

あります。**金融政策の独立性を諦めたのは、ユーロ圏の国々です。**金融政策は各国の政府が独自に行うことができず、ECB（欧州中央銀行）が一手に担っています。

そうしないと、為替相場をユーロ圏内で統一できず、自由な資本移動が成り立たなくなるからです。

しかし、近年それによって大きな問題が起きています。

何ですか？

ユーロ圏のなかで経済格差が大きく広がってしまい、欧州債務危機を引き起こしてしまったのです。
そもそも、EUを作った理由は、大国アメリカに対抗するためです。1998年にユーロを導入したのは、EU内で単一通貨を使うことで、経済取引の余分な関税や為替の変動を取り除き、自由な経済を効率的に行ってアメリカに対峙しようとしたからです。
ただ、ユーロを導入した国が等しくメリットを得られたかというとそうではありませんでした。

EU内の国々で格差が生じてしまったんですかね？

その通りです。経済的に最もメリットを得られたのは、ドイツでした。もし通貨がマルクのままなら、経済力から考えて確実にマルクは高くなっているはずなのですが、経済力の弱い国と一緒になることで、ユーロが経済力と比べて割安な状態を保っています。
要は自分の実力よりも多めのハンデをもらっているのです。だから、輸出競争力がものすごく強いのですね。
もともとユーロの導入を主導したのはドイツなので、はじめからこうしたメリットを狙っていたのかもしれません。

ドイツにとっては良い制度でも、他国にとっては違うわけですよね。

イタリアやスペイン、ギリシャのような相対的に経済力の弱い国にとってはメリットもありましたが、大きなデメリットもありました。

それは、国の経済力よりもユーロが割高で、輸出競争力が低くなったことです。

もし、金融政策の独立性があれば、自国の経済状況に応じて自由に金融政策を変えられます。たとえば金融緩和をすることで自国通貨が安くなり、輸出競争力を回復できます。しかし、自国通貨がありませんから、それができません。

ということは対処したくても対処できないのか。それは辛い…。

かなり厳しいですね。だから経済的に苦境に陥り、ドイツのような経済強国との格差がどんどん広がってしまっているのです。

EU内の格差を狭める方法はないのでしょうか？

ひとつ考えられるのは、財政政策をEU内で一本化することです。

具体的には、所得税や法人税、消費税の減税や、給付金・補助金、道路や下水道などを建設するといった政府が使うお金の総量を増やすだけではなく、経済が強

いエリアから徴収した税収を、経済が弱いエリアに使うことで、バランスを取ることです。

たとえば、どんな？

財政に余裕があるドイツのような国がお金を出して、イタリアやギリシャのような国を支援することが考えられます。
しかし、ドイツ国民からすれば「なんでイタリアを我々の税金で助けなければならないんだ」となりますから、現実は難しいでしょうね。

EUから離脱して、もとの通貨に戻すという手はどうでしょうか！　そうすれば、変動相場制にできるし、金融政策も自由にできると思います。

その手もなくはないですね。実際、EU離脱を主張する人々は一定程度います。2022年のフランス大統領選挙でも対抗馬のルペン候補がユーロ離脱を強くうたって支持者を集めていました。
ただ、人の動きが自由になったり、関税がなかったり、ユーロ圏にいることのメリットがあることも確かです。
結局ギリシャも、EU加盟国とIMF（国際通貨基金）が1,100億ユーロ、1,300億ユーロの2度にわたる資金援助をして救済しました。だから、各国もなかなかもとの通貨に戻そうとはならないのだと思います。

金融政策の独立性を諦めるのはリスクが大きいですね。

実は、香港も金融政策の独立性を諦めていて、「ドルペッグ制」を採用しています。 香港ドルは1米ドル＝7.75〜7.85香港ドルの範囲内でアメリカの金利に連動して動いています。そのため、独自の金融政策が取れず、アメリカが利上げをすると香港も利上げをします。

自由な資本移動を諦めた中国が得たもの

最後に、自由な資本移動を諦めた国はどこですか。

いくつかあるのですが、最も経済規模が大きいのは中国です。国際経済論の観点から考えると、資本は市場経済に任せれば必要なところに効率的に流れていきます。そのため、資本移動を自由にできるようにしたほうが良いのですね。

しかし、中国はそれを放棄して為替相場の安定と金融政策の自由を優先させています。

不便そう。なぜ、わざわざそんなことを…。

ひとつは為替を自国の都合の良いようにコントロールするためです。

これまで、中国では為替に関して「管理フロート制」を採用してきました。通貨の取引はある程度自由にできるのですが、その変動幅を固定する制度です。この制度だと、為替レートを自国の状況に合わせて最適な形に持っていくことが可能になります。

都合の良いレートに持っていけるというわけですね。それはズルいぞ！

実際、中国は自国の国際競争力を高めるために、人民元を割安にしてきました。
アメリカのトランプ元大統領が、在任中に「為替操作をして、意図的に人民元を下げている」と非難していたのはそのためです。

トランプ元大統領の発言にはそういう背景があったのですね。

ただし、中国は今や世界的な経済大国ですが、資本移動を規制しているので自由な取引ができません。
中国で会社を立ち上げるにしても、役員に必ず中国人を入れなくてはいけなかったり、技術を中国に継承しなくてはいけなかったり、とかなり制約があります。

あくまで自分たちの手のひらの上でだけ自由にして欲しいということですか。

中国は人口14億人の大きな国ですが、国内経済だけでなんとかなっていたので、海外から資本を無理に入れなくても大丈夫でした。しかし、最近は少子高齢化で経済成長が厳しくなってきたので、そうも言っていられなくなっています。

そこで出てきた構想が、「一帯一路」です。

ここで「一帯一路」につながるんですか！　とか言いつつ、「一帯一路」ってなんでしたっけ？

一帯一路は、アジアとヨーロッパをつなぐ陸海の物流ルートをつくって、貿易を活発化させようという構想です。

これは見方を変えると、**中国国内での資本移動は自由化したくないので、自分たちの資本を海外に移動させて経済成長しようとしているのです。**

そういうことだったんだ！　しかし、いろいろ問題を起こしていますよね…。スリランカが破産しましたし…。

リスクを度外視してお金を貸しまくり、お金を取り立てるということをしていますからね…。

いずれにしても、自由な資本移動ができない以上は、中国の人民元が米ドルに代わって基軸通貨になることはないでしょう。

将来、中国が人民元を基軸通貨にするのを狙って、変動相場制に切り替える可能性はないのでしょうか？

すぐにはないと思いますが、経済の実力がアメリカをしのぐようになったら、切り替える確率はゼロとは言えません。

あと、これは最悪のシナリオですが、ロシアのウクライナ侵攻をきっかけに、東西の新たな冷戦が始まったら、中国が変動相場制に切り替えることもあり得るかもしれませんね。
地球上の国々がアメリカをはじめとした西側諸国の経済圏と、中国を筆頭とした東側の経済圏に分断されたら、という話です。

それは最悪ですね…。

極めて確率は低いですが、そうならないことを祈りましょう。

Q 為替介入って何ですか?

A 為替相場に急激な変動があった場合に、通貨価値を安定させるために、各国政府と中央銀行が為替市場で売買を行うことです

日本政府、24年ぶりの為替介入でボロ儲け!?

先日、「政府と日銀が24年ぶりに為替介入をした」とニュースで見ました。あれは、金利とは関係ないのでしょうか。

金利とはまた別の話ですね。

為替介入とは、「為替相場に急激な変動があった場合、通貨価値を安定させるために、各国政府が中央銀行を通じて為替市場で売買を行うこと」を指します。日本では、財務省に介入するかどうかの決定権があり、財務省の指示を受けて日本銀行が為替介入を行います。

1回目の為替介入は、1ドル145円になったときに行われました。日銀が市場で円を買うことで、円高に持っていこうとしたのです。
その結果、1ドル140円台にまで円高ドル安になりました。

１限目で、これまで政策当局は円安の限度を１ドル130円と考えていたという話がありましたね。145円はさすがに容認できなかった？

そういうことでしょうね。**少なくとも、財務省や日銀そして岸田政権は、今の円安は行き過ぎだと思っていたのでしょう。**

24年ぶりということでしたが、為替介入はめったにやらないのでしょうか？

めったにしません。為替介入には、円買い介入と円売り介入がありますが、いずれにしても基軸通貨国であるアメリカの理解を得る必要があるからです。

ちなみに、2022年9月から10月にかけて行われた今回の為替介入は、円買い介入だったのですが、日本政府が保有している米ドル資産の9.2兆円を使って円を買ったといわれています。

9.2兆円ってすごい！

日本の外貨準備高※は2022年8月末で1兆2,920億ドル、日本円にして180兆円（1ドル＝140円換算）も

※中央銀行や中央政府等の金融当局が保有している外貨の量のこと

あります。わずかな割合ではありますが、それでも円買いに使った米ドル資産は1ドル＝140円台よりもかなり円高水準のときに取得しているでしょうから、かなりの為替差益が出ている可能性が高いでしょう。

日本政府、ボロ儲け!?　もっとやればいいのに…。それでも、めったにはしないんですね。

円買い介入は、前回は1998年でした。大手金融機関が潰れて不良債権が膨れ上がり、金融システム不安に陥ったときです。当時も円売りが拡大し、1ドル140円台まで円安になっていました。

昔もそんなことが…。

一方、最後の円売り介入は2011年の東日本大震災が起きた後です。復興で日本円の需要が増えることで、海外の金融資産を売り払って国内に戻す動きが増える、という観測から円買い需要が強まり、ものすごく円高が進みました。
日本は世界最大の対外純資産国、という裏づけから投資家が円を買ったのですが、このときには協調介入が行われました。

協調介入でなければ意味がない？

「協調介入」ってなんですか？

協調介入は各国と事前に合意形成をしたうえで、各国の中央銀行が同時、あるいは断続的に為替市場に介入することです。

ちなみに、為替介入には「単独介入」「委託介入」「協調介入」の3種類があります。

単独介入は、政府と日銀が東京市場で独自の判断で為替介入を行うこと。

委託介入とは、東京市場以外でも為替介入をお願いしないと相場の乱高下を抑えられない場合に、海外の通貨当局に為替介入を委託する方法です。

一般的に、単独介入と委託介入は効果が低いといわれています。

なんでですか？

介入する国が少ないからです。

たとえば、単独介入は一国だけしか介入しませんから、日本の通貨当局だけで円買いすることになります。これでは、効果は低いのです。でも、協調介入のように複数の国が同時に円買いをすれば、一国で頑張るよりも効果は高いでしょう。

24年ぶりの為替介入は正解だった？

では、24年ぶりの為替介入は、永濱先生的にはどうだったんでしょう？

私はそれなりに意味があったと思います。

あ、そうなんですね。

ちょっと難しい話になってしまいますが、**「投機筋を牽制する」目的をそれなりに達成できたとみられる**からです。

今回の為替介入は、単独介入でした。アメリカは物価を下げるためにドル高のほうが都合がいいということもあったのか、協調介入してくれませんでした。

つまり、政府も日銀も為替レートのトレンドを変えられるほどの効果をはじめから期待していなかったと考えられます。

これだけで円高には転換できない、というか「する意図はなかった」ということですか？

そういうことです。

実は2022年の過剰な円安ドル高の背景には、日本とアメリカの金利差だけでなく投機的な動きもありまし

た。ドルを買って円を売って儲けようとしている投機筋がたくさんいたんですね。

そんな投機筋に「いきなり円高になるかもしれないぞ」と牽制するために、為替介入を行ったと私は見ています。

もし、再び為替介入をしていきなり円高になれば、投機筋は損をする可能性があります。だから、慎重にならざるを得ないんです。

そんな狙いが！

ただ、為替介入をするだけでは、根本的な問題を解決できないのは確かです。やはり円安を生かす政策や、減税などによって行き過ぎた円安の負担を抑える政策は間違いなく必要です。

● 為替を短期的に動かす要因は、「2国間の金利差」と「インフレ率格差」。

● 金利には「短期」と「長期」があり、短期金利と関係の深い政策金利の上げ下げによって、国の経済はコントロールされている。

● 一般的に、景気が過熱したら「利上げ」、景気が冷えたら「利下げ」される。

● 今後、相対的に金利が上がりそうな通貨は買われやすく、下がりそうな通貨は売られやすい。

● 日本はマイナス金利によってお金を借りやすい環境になったが、お金の貸し出しは大きく増えず、景気回復も不十分。

● アメリカはFF金利、EUは3つの政策金利を上げ下げして経済を調整する。

● 金融政策のボードメンバーの発言で、市場が動く。

● 日本は、「10年物国債の利回り」も操作している。これを、イールドカーブ・コントロールという。

● 日本は、景気が回復していないため、今利上げするのは厳しい。むしろ、今以上に金利を下げたいが、金融機関の経営や年金の運用に支障が出るため、結局は利上げも利下げもしにくい。

● 固定相場制から変動相場制に移行したきっかけは、「ニクソンショック」。

● 対外的な通貨政策をとる際、3つの政策のうち必ず1つは諦めなければいけない「国際金融のトリレンマ」がある。

● 金融政策の独立を捨て、EU内では経済力の強いドイツが富み、経済力の弱いイタリアやスペインといった国々は相対的に貧しくなり、格差が生まれている。

● 24年ぶりの為替介入は、投機筋をけん制する狙いがあったのではないかと考えられる。

「物価と為替」の関係

物価が上がらなければ、
給料も上がらない！

為替の変動要因の一つ、「金利」についてもざっくりと理解した。そういえば、前々回、前回の講義で、何回か「インフレ・デフレ」という言葉が出てきた。おそらく、今日の講義はこれがキーワードになるんだろうな…。「よく聞く言葉だけど、実はよくわからないランキング」があったら、間違いなく上位に食い込んでくる。さて、為替と「インフレ・デフレ」はどうつながっているのだろうか？

Q　インフレとはなんですか?

A　私達が普段買っているモノやサービスを総合した値段
（物価）が上がり続けて、お金の価値が下がり続ける
ことです

「物価」と「個別価格」の違いを知ろう

さて、為替を動かす大きな要因。もう一つは、「イン
フレ率格差」でしたね。

ちょっと待って!　2限目で、ちょいちょいインフレ
とかデフレといった言葉が出てきていたんですが、正
直よくわかりません!　まず、インフレって何でしょ
うか?

いいですね。わからないことを、「わからない」と言
えるのは大事なことです。実際に、インフレとデフレ
はわかっているようでわかっていない社会人は多いと
思います。
実際、日本経済が長期低迷に見舞われ、「失われた30
年」を招いてしまったのは、デフレが大きな要因です。
それを理解するためにも、ここでおさらいしておきま
しょう。

ふう…助かります！

まず、インフレとは、インフレーション（Inflation）の略。端的に言うと、**物価が上がり続けて、お金の価値が下がり続けること**です。

そもそもの話として、インフレやデフレを考える場合は、物価と個別価格は分けて考える必要があります。

物価と個別価格…、それって同じじゃないんですか？

違います。ガソリンの価格が上がっているとしましょう。これはガソリンの価格が上がっているだけで、物価が上がっているとは言えません。これだけではインフレとは言えないのです。

物価は、我々が購入するいろいろな商品やサービスのバスケット全体の値段が上がっているか下がっているかを見るんですね。「私たちが普段買っているモノやサービスを総合した値段」というのはそういう意味です。

「良いインフレ」と「悪いインフレ」

 さて、インフレの説明に話を戻しましょう。インフレには良いインフレと悪いインフレの2種類があるのをご存じですか？

 知りませんでした。良い悪いがあるんですね。良いインフレとはなんでしょうか？

 一言でいえば、モノやサービスがたくさん売れることによって値段が上がることです。需要が旺盛で物価が上がるので、「ディマンドプルインフレ」とも言います。

良いインフレのもとでは、需要が旺盛なので売るモノやサービスの値段を上げても売れるため、企業が儲かりやすくなります。

すると、そこで働いている社員の給料が増えやすくなります。消費者は物価が上昇することで生活費が増加しますが、それ以上に給料が上がれば、ますます商品を買うようになります。

すると、商品がたくさん売れて企業が儲かる…という好循環が起きて、景気が良くなるのです（図3-1）。

図3-1　　　**良いインフレ**（ディマンドプルインフレ）

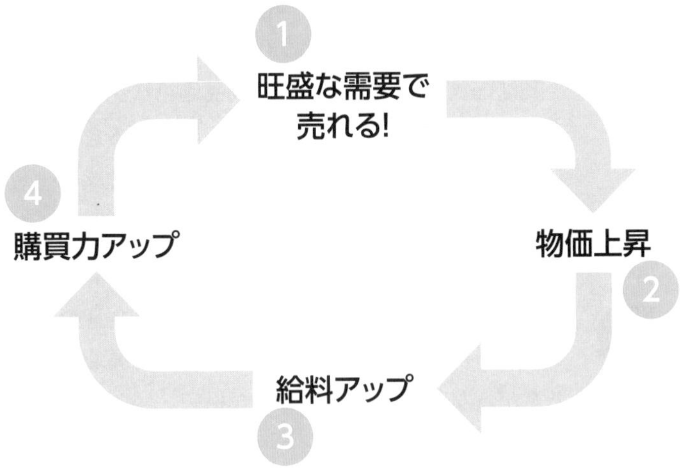

①
**旺盛な需要で
売れる!**

④
購買力アップ

物価上昇
②

給料アップ
③

それは、いいですね。

ただ、物価が上昇しても給料が上がらないと、物価上昇を下支えできないので、購買力が下がってしまい好循環には入れません。賃金の上昇が物価上昇を上回ることが、良いインフレの条件です。

では、悪いインフレは？

一言でいえば、さっきの反対。「**物価上昇が賃金上昇を上回ってしまう**」インフレのことです。「**コストプッシュインフレ**」といいます。

悪いインフレでは、景気がまったく良くないのに、物価が上がっていきます。国内で代替できない食料やエネルギーが上がってしまうのが良い例です。

企業は仕入れ価格の上昇分を商品価格に上乗せしないと売っても損するので、価格に転嫁せざるを得ません。とはいえ、景気が良くないなかで仕入れ価格の上昇分を丸ごと価格に転嫁したら、売れなくなりますよね。

今、まさにぼくが働いている会社でもそうなっています。原料が値上がりしているので値段を高くしたいのですが、なかなかそうもいかない…。

やはりそうですよね。企業は売れなくなったら困るので、仕入れ価格の上昇分を十分価格に乗せられません。結果、企業は儲かりにくくなるのです。

すると、その会社で働いている人のお給料も増えにくくなる。下手すると、減ります。となると、購買力が下がるので需要が落ちて、モノが売れなくなる。

すると、ますます企業が儲からなくなる…。このような悪いサイクルに入ってしまうのです（図3-2）。

図3-2 **悪いインフレ**（コストプッシュインフレ）

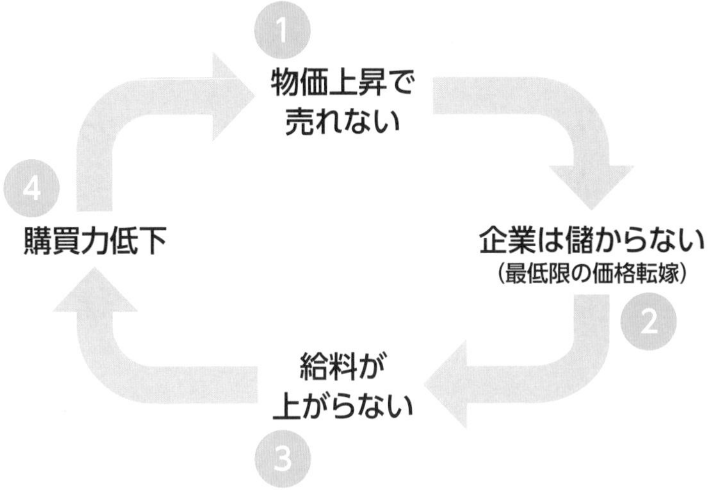

①
物価上昇で
売れない

②
企業は儲からない
（最低限の価格転嫁）

③
給料が
上がらない

④
購買力低下

日本、アメリカ、EUは
「良いインフレ、悪いインフレ」？

それは最悪…。今の日本はどちらなのでしょうか？
なんとなく悪いインフレのような気が…？

はい、もう100％「悪いインフレ」ですね。
最近、値段は同じだけれども、商品の中身を減らす
「ステルス値上げ」がよく言われます。**表面上の値段
は上がらないんだけれど、中身がシュリンク（縮小）
しているので、実質的に値上げしている。よってこれ
を「シュリンクフレーション」**ともいいます。

確かに最近、お菓子を食べていて「なんか中身が減ったな」と感じることがありますね。アメリカはどうなんでしょうか？　良いインフレですか。

なんともいえません。アメリカは、良いインフレと悪いインフレが混在しているんです。
アメリカは景気がいいので、国内の需要と供給で見ると、需要が超過しているんですね。すなわち、経済が過熱している国なので、良いインフレの面もあります。

ディマンドプルインフレ、ってやつですか。

その通りです。日本のように**需要が不振の国では、モノの値段が上がると負担が増えるから節約に向きがち**です。
一方で、アメリカのように**需要が旺盛な国は、モノの値段が上がると「もっと上がる前に前倒しして買おう」**となります。

ただですね、アメリカのインフレ率は8％に対して、賃金は5〜6％しか上がっていません。つまり、物価上昇が賃金上昇を上回ってしまっているんですね。
先進国の国際標準になっているインフレ目標は2％程度です。さすがに8％も上がると、賃金上昇はなかなか追いつかないので、消費者にとっては心地の良い物価上昇率ではないですね。

また、新型コロナやウクライナ侵攻などの影響で、世界中のモノやサービスの値段が上がっています。

そういった意味では、悪いインフレの側面もあります。

ヨーロッパもインフレが進んでいるのですか？

はい、進んでいます。**日本ほどは悪くないけれども、悪いインフレの国のほうが多い印象です。**

イギリスは需要が旺盛なのでアメリカと似た感じですが、EUは微妙ですね。加盟国によって違いはあるものの、ドイツやイタリアがロシアからたくさん化石燃料を輸入していたのが輸入できなくなり、エネルギーのコスト負担が上がっていますから。

面白いですね。インフレにも良い悪いがあるし、良いインフレ、悪いインフレのなかでも良い、悪いの度合いがあるなんて。

そうですね。ただ間違いなく言えるのは、日本の場合は100％「悪いインフレ」だということです。

こんな状況では、絶対に利上げはできません。お金が借りにくくなり、ますます景気を冷やしてしまうからです。

一方、アメリカは需要が過熱しているという要因もあるので、そこは利上げで抑えなければいけない。そういう違いがありますよね。

スタグフレーションのほうが、デフレよりマシ!?

 インフレの逆が、デフレですかね。

 その前にスタグフレーションを説明しておきましょう。

 スタグフレーション。聞いたことある！

 別名「不況下のインフレ」。景気が停滞しているにもかかわらず、悪いインフレ（コストプッシュインフレ）が同時に進んでしまい、景気がものすごく悪くなる現象です。 インフレで物価が上がり続けているのに、景気は低迷してお金の価値も下がる極めて厳しい経済状況のことです。

ちなみに、スタグフレーションはスタグネーションとインフレーションを組み合わせた造語で、スタグネーションは景気の停滞を意味します。

 悪いインフレがエスカレートした状態。これはイヤ！

 悪いインフレ下でも景気が拡大している局面もあります。2022年前半のアメリカはそうだったと思うんですよ。

ただ、インフレがさらにエスカレートして景気が停滞すると、スタグフレーションに陥ることは十分に考えられます。

過去にスタグフレーションが起きた例はあるんですか？

オイルショック以降の1970〜80年代にアメリカをはじめ、多くの先進国でスタグフレーションが起きました。当時の原因は、原油価格が上がるなかで景気が停滞したことです。
だから、景気後退とインフレが同時進行してしまったのですね。お金の価値も下がるので、非常に厳しい状況でした。

いやあ、これは避けたい…。

とはいえ、デフレに比べたらだいぶマシですけどね。

え、これよりもっとひどいのですか!?

はい。デフレは最悪の状況です。

Q	デフレとは何ですか？
A	私たちが普段買っているモノやサービスを総合した値段（物価）が下がり続けること。最悪のシナリオです

「合理的な選択」の結果、みんな貧しくなる

（気が重くなってきた…）改めてデフレとは何ですか？

デフレーション（deflation）の略で、インフレの逆です。物価が下がり続けることで、お金の価値が上がり続けることを指します。

一時的な物価下落はデフレとは言いません。BIS（国際決済銀行）やIMF（国際通貨基金）は、デフレとは「少なくとも2年間の継続的な物価下落」をしている状態だと定義しています。

さっきの言葉が気になるんですが、なぜデフレは最悪なんですか？

これが持続すると「デフレスパイラル」に陥るからです。

デフレスパイラル。なんか、飲み込まれそう。

そうです。**まさに「アリ地獄」ですね。**先ほどの良いインフレ（ディマンドプルインフレ）の逆の状態が起こります。

そもそもデフレは、景気が悪く、需要が少ないので、値段を下げないとモノが売れなくなることから起こります。

すると、企業は商品やサービスの販売価格を下げざるを得ません。

消費者の立場から見ると、価格が下がるのは嬉しいですけどね。企業から見ると、儲けが減っちゃって困るよな…。

企業が十分な利益を得られなくなりますからね。すると、そこで働いている人の給料も減らされることになります。

給料が減れば、購買力が下がるので、モノが買いにくくなります。すると世の中全体の需要が落ち込むので、さらに企業は値段を下げざるを得ない…。

このような悪循環が起こるわけです。これがまさにデフレスパイラルです（図3-3）。

図3-3 **デフレスパイラルのイメージ**

モノやサービス
売れないので
値下げ

家計
お金を使わない

企業や店舗
売上が減る

働く人
給料が減る

 そのデフレスパイラルに日本は陥っているわけですね。

 はい。90年代後半以降はずっとデフレですね。
ではなぜデフレが最悪かというと、個人も企業も合理的な行動を選択すると、より景気が悪くなるからです。

 合理的な行動を取ると、景気が悪くなる？　それって、本当に合理的なんですか？　結果的に損してるじゃないですか。

 デフレは持続的に物価が下がる、という話をしましたね。そうなると、消費者が合理的に行動するとしたら、どうしたらいいと思いますか？

そうですね…。今後、物価が下がるなら、いま買ったら損するかもしれないですね。

それです。**できるだけ購入を我慢したら安く買えるわけだから、合理的に行動すると、みんなあまり買い物しなくなるのです。**
するとモノやサービスが売れないから、企業が儲からないので、給料が減る。すると買い控える。このデフレスパイラルが止まらなくなるのです。

ううう。

その結果、30年間は経済がほとんど成長しなくて賃金も上がっていない。こんな国は日本だけ。これがまさにデフレスパイラルのもたらした弊害です。

なぜ、日本はデフレを放置したのか？

デフレスパイラルは困った問題ですが、そもそもなぜそうなってしまったのか。

90年代後半以降、20年近くデフレを放置してきたからです。こんなに長期間デフレを放置してしまった国は、過去を振り返ってもありません。

なんで放置しちゃったんだよ！　なんとかしようよ!!

一言でいえば、対応を誤ったからです。

そもそもバブルが崩壊するきっかけは、1989年の年末に3万8000円台まで上昇した日経平均をはじめとした株価が暴落したことです。

ここで上手に対応すれば、ここまでひどいデフレにはならなかったのですが…。**このとき、不動産の総量規制と利上げを一緒に行ったのが大きな影響をもたらしました。**

不動産の総量規制？

不動産バブルによる異常な地価高騰を抑えるために、国は金融機関が行う不動産向け融資を規制したのです。1990年3月に実施されました。

その結果、金融機関がこれまで不動産融資をしていた企業に対して、融資の凍結や打ち切りなどを行うようになりました。これにより、不動産投資家は得られる予定の融資が得られなくなり、資金がショートしました。その結果、不動産バブルが崩壊してしまったのです。

規制する必要はあったんですかね…？

異常な不動産バブルを抑えるためには、総量規制は仕方ない面もありました。

しかし、影響を大きくしてしまったのは、総量規制に加えて利上げをしたことです。金利を上げることで、世の中に出回るお金を減らして、経済の過熱を抑えようとしたのですね。

具体的には1989年5月に公定歩合を2.50%から3.25％へと引き上げ、10月には3.75%に引き上げました。12月に日本銀行総裁が三重野康氏に交代すると、さらに引き締めるようになり、就任直後に公定歩合を4.25%に引き上げ、1990年3月に5.25%、8月に6%とものすごい勢いで引き上げを続けました。

1年とちょっとで、3.5％上昇！ けっこうすごいペースですよね!?

ものすごいペースですよ。今の日本じゃ考えられません。**景気が悪くなりつつあるなかで利上げをしたら、景気がますます悪くなってしまいます。**この利上げによって、国は景気の息の根を完全に止めてしまいました。

あちゃー。

さらに悪かったのは、アベノミクスが始まるまでデフレを放置してしまったことです。

日銀も、バブル崩壊後の景気悪化に危機感を覚え、1991年7月以降は公定歩合を引き下げ、つまり金融緩和に転じました。91年7月に6.0％から0.5％引き下げると、数カ月おきに0.5～0.75％ずつ引き下げ、93年2月の第6次引き下げによって、引き上げ前の水準である2.5％にまで下がりました。その後も利下げを続け、99年2月にはゼロ金利に達しました。

しかし、これでは「too little, too late」でした。

トゥーリトル、トゥ…？

要は、金融緩和の規模が小さすぎたし、タイミングも遅すぎたということです。 ゼロ金利に達するまで約8年弱かかっていますからね。

今から振り返ってみるとバブルが崩壊したタイミングで、一気に金利を下げるべきでした。当時はそんな大胆なことをした国はなかったので、仕方がないところもあったのですが…。

景気の低迷によって、企業も消費者もお金を使わないので、物価が上がらず、デフレスパイラルが長く続きました。失われた30年のもとになったわけです。

そうだったんですね…。

デフレを放置すると取り返しのつかないことになることを、海外諸国はバブル崩壊以降の日本から学びました。それを反面教師に、大胆な金融・財政政策をいろいろやってきたから他国はデフレを逃れているのです。

えー、そうなんですか…。

たとえば、コロナショック以降にアメリカでインフレが深刻になったのは、経済対策をやり過ぎたことが原因の一つです。しかし、「**経済対策が足りずに日本みたいにデフレに陥るくらいなら、やり過ぎたほうがマシ**」「**デフレ絶対阻止**」という考え方があったはずです。

先日ノーベル経済学賞を取ったベン・バーナンキ氏は、FRBの議長のときにリーマンショック後の不況を量的緩和政策によって脱しましたが、これも日本の失敗を研究した成果なのは明らかです。

わあ、日本の失敗のおかげでノーベル賞が取れたなんて、喜んでいいのか…。

それが理由でノーベル経済学賞を取ったわけではないんですけどね。

また、中国も2022年に利下げをしましたが、これも日本を反面教師にしています。今、中国も80年代後半の日本と同様に不動産バブルの状況で、不動産の融

資規制をしています。

もっとも、2022年以降は市場の急激な冷え込みを受けて、緩和しているようですが……。日本と大きく違うのは、利上げではなく利下げをして、金融緩和を行っていることです。日本のように、不動産の融資規制（総量規制）と利上げによる金融の引き締めの両方を行うと、デフレになって取り返しのつかないことになるので、アメとムチの政策を行っているわけです。

完全に反面教師…。授業料くれないかな。

一生つきまとう！　デフレマインド

デフレになるとなかなか抜け出すのは難しいため、私はデフレを「アリ地獄」と呼んでいます。なぜ難しいかというと、人々の価値観は18〜24歳のときに育った経済環境に、一生を左右されるという見方があるからです。

一生を左右される⁉　どういうことですか。

2009年にアメリカの学者であるギウリアーノとスピリンバーゴという研究者が連名で論文を出しています。あくまでアメリカのケースなのですが、各世代の価値観は、その世代が社会に出る18歳から24歳までの経

済環境に一生を左右されるという研究結果が出ている
んです。

たとえば、その期間にデフレだったとしましょう。する
と、無意識にデフレの状態を標準と考える「デフレマイン
ド」が染みついてしまい、抜け出せなくなるのです。
**つまり、今日より明日が良くなるという感覚がなくな
ってしまうということですね。**

えー、マジですか。ぼくの18歳から24歳までは思い
切りデフレでしたよ…。

やすおさんに限らず、日本は不況が長期化してしまっ
ているので、18〜24歳の間にデフレの状況にあった
人ばかりで、デフレマインドが染みついている人が多
いのですね。
**日本人はマヒしてしまっていますが、普通の国では
「未来は給料が上がって生活がもっと良くなる」と多
くの人が思っています。**
しかし、日本はそうではないでしょう。明日が良くな
るという感覚がない。

確かに「昨日より輝かしい明日」みたいな感覚がない!!

明日が良くなるという感覚がないのは異常なことなん
です。
さらに、**デフレマインドが身につくと、今のお金より**

も将来のお金のほうが大切に思うようになります。今の日本人の多くは、そう思っているんじゃないでしょうか。

そうですね。私は20代ですが老後のお金が気になります。私の周りでもそういう人は多いですね。

20代から将来のお金を意識していたら、みんな消費しなくなって、お金を貯め込むようになりますよ。

確かに…。

これでは、金利は上がりにくくなります。そもそも、金利は将来よりも今のお金に価値を見出すからこそ成り立つわけです。しかし、多くの人が将来のお金に価値を見出すのであれば、その前提が崩れてしまいますから金利が上がらなくなるのは当然です。

本来、金利は景気に対して引き締めでも緩和でもない中立的な金利水準があり、それより実際の金利を上げ下げすることが金融政策なのですが、日本の中立金利は大幅なマイナス金利に足を突っ込んでしまっているので、金融緩和が効きにくいとの研究もあります。

そうなのか…。

この研究が本当なら、「日銀が金利を低く抑え込み過

ぎているから金融機関に悪影響があって、けしからん」みたいなことを言う専門家の意見は違うことになります。日銀が低く金利を抑え込む以前に、**日本国民にデフレマインドが染みついて、みんなが将来のお金が大事だと思っているから、お金を貯めようとする。金利が上がらないのは、当然のことなのです。**

だから、「円安だから金利を上げよう」という話は、経済学的には誤った考え方なのです。これは、後ほどまた解説しましょう。

3-3

Q 為替に大きな影響を与える「インフレ率格差」とは？

A 2国間のインフレ率の差のこと。インフレ率の高いほうの通貨が安くなります

インフレ率が高い通貨は、安くなる

ここまでで、インフレ・デフレの意味は大体つかめたでしょうか？

はい！　ざっくりとイメージはつかめました。それを踏まえたうえで、為替に影響を与える要因である「インフレ率格差」のお話ですね。

改めて、インフレ率格差とは何でしょうか？

「2国間のインフレ率にどのくらい差があるのか」ということです。

そもそもインフレ率とは、一般的に物価上昇の度合いを表す指標で、物価の変動を時系列的に測定する消費者物価指数（CPI）が前年の同じ月と比べてどの程度変化したかで見るのが一般的です。

米ドル／円なら、アメリカと日本のインフレ率にどれぐらい差があるか、というのがインフレ率格差ですね。

アメリカがインフレなのは、ぼくも知っているのですが、実際日本とはどれぐらい差があるのですか？

たとえば、2022年9月のインフレ率は、日本が3.0％、アメリカが8.2％の上昇でした。5％以上差があるのは、かなり差があると考えて良いでしょう。

このインフレ率格差がどうなると、為替が動くのでしょうか？

2国間のうち、インフレ率が高いほうの通貨に下落圧力がかかります。

高いほうが安くなる…??　どういうことでしょう？

そもそもインフレとは、モノに比べてお金の価値が低くなることでしたね。ということは、インフレ率が上

がるほど通貨の価値は低くなりやすいのです。

2国間で比べた場合、インフレ率が高いほうの通貨が価値は下がります。先ほどの例で言えば、日本のインフレ率が3%ということは、前年と比べて物価が3%上がったことを意味します。これは同時に、日本の物価に対して日本円の価値が3%下がることを意味するのです。一方、アメリカのインフレ率は約8%ですから、前年と比べて物価が8%上がっている。すると、アメリカの物価に対して米ドルの価値は8%下がることになるのです。さて、日本とアメリカでいえば、どちらの通貨価値が下がっていますか?

数字が大きいのはアメリカですね。

そうです。日本円よりも米ドルの価値のほうが下がっていますよね。だから、米ドル／円レートは、ドル安・円高に向かうのです。

ん???

日本とアメリカのインフレ率はずーっと格差があります。日本は物価が上がらないのに、アメリカばかり物価が上がりました。**このインフレ率格差だけを見ると、日本はずっと円高ドル安の圧力がかかっています。**
しかし、インフレ率はそこまで短期的に大きく動かな

いので、**インフレ率格差はどちらかというと長期的な為替の変動要因**と考えてもらえばいいでしょう。

物価上昇局面でも、通貨高になるメカニズム

 ちょっと待って。実際は真逆ですよね。円安ドル高に進んでいる。

 はい。それは今の円安が、**インフレ率格差より金利差**のほうに強く影響を受けているためです。

 どういうことですか？

 2-1で、金融的な側面から見た為替の変動要因が「2国間の金利差」、実体経済の為替への影響が「インフレ率格差」だと説明したかと思います。2022年の円安ドル高は、この金融的な要因によるところが大きいのです。
少し専門的な話をさせていただいて恐縮ですが、期待インフレ率の上昇以上に金利が上昇すると見込まれる場合は、むしろその国の通貨は高くなります。今のアメリカがこれですね。
本来、期待インフレ率が上昇しているときは、将来におけるお金の価値が下がる見通しになります。
しかし、それ以上に金利が上昇する期待が高まれば、ドルを持っておいたほうが有利、と考えるようになります。
このように、期待インフレ率の上昇以上に金利が上が

ると通貨の需要が高まるので、通貨の価値が上昇するという側面もあるのです。

2-4「米ドル／円はアメリカの長期金利と連動」で登場した金利と期待インフレ率はここにも関係しているのか！　ちょっとわかってきたかも。

そして、今のアメリカのように物価が上がり過ぎていて、消費者の需要が旺盛なときは購買意欲とインフレを抑えるために金利を上げます。

すると、市場のお金は金利から期待インフレ率を引いたいわゆる「実質金利」が高いほうに流れていきますから、通貨高になりやすくなります。アメリカの場合、ドルが買われてドル高になるわけです。

3-4

Q　**なぜ物価は上がらないといけないの？**

A　**デフレスパイラルが起きてしまうからです**

デフレスパイラルはモノの値下げから始まる

デフレが日本低迷の元凶とわかっていても、モノの値段が安いと助かります。

そもそも、なぜ物価は上がらないといけないんでしょうか？

それは、**物価が上がらないとデフレスパイラルが起こるからです。**改めて示しますと、デフレスパイラルはこのような図式でしたね。

デフレスパイラルのイメージ

モノやサービス
売れないので
値下げ

家計
お金を使わない

企業や店舗
売上が減る

働く人
給料が減る

物価が下がり続けるデフレスパイラルがどこから始まるかというと、きっかけはモノやサービスが売れなくて企業が値下げするところから始まります。すると、企業や店舗の売上が減って儲かりにくくなります。
儲からなければ、働いている人のお給料が減りやすくなりますよね。給料が減れば、家計はお金を使わなくなります。
その結果、売れないので値下げする……。

何度見ても、イヤなスパイラル…。

このため、**物価よりも賃金が上がることが必要**ですが、デフレだと賃金も下がってしまいます。だから、まずは物価が上がる環境を作らないと賃金も上がりにくいのです。

賃金が上がらないと、物価上昇を下支えできない

 長い目で見れば、物価と賃金はすごく連動しています。それがわかるのが、以下の名目賃金と消費者物価の推移を表したグラフです（図3-4）。これを見るとどうですか？

図3-4 **名目賃金と消費者物価の推移**

（出所）厚生労働省、総務省

まったく同じような動きをしている？

そうなんです。**賃金が下がり続けているのに物価だけが上がり続けることは基本的にあり得ません。** そんなことになれば、誰もモノが買えなくなってしまいます。物価が上がれば、賃金も上がりやすくなるのです。

いや、でも今の日本は物価だけが上がり続けているような感じがするのですが…？

確かに、今のように原材料価格がものすごく上がったときは、賃金より物価が上がってしまうこともあります。しかし、**賃金が上がり続けない限り、物価も上がり続けることは難しいでしょう。物価上昇を下支えできないからです。**

今は、食料やエネルギーの価格がドーンと上がっています。これらは生活必需品ですから、ある程度は買わざるを得ません。

しかし、物価が上がっても賃金が上がらなければ、食料やエネルギー以外のモノやサービスを買う余裕がなくなりますから、支出を減らしますよね。

確かに。洋服なんて全然買わなくなったし、レジャーも「近場で安く済ますか〜」となっているなぁ。

すると何が起こるか。**結果的に、食料とエネルギー以外のモノやサービスの需要が落ちるので、それらの影響で物価が下がりやすくなるんですよ。**

3-1で、「物価（消費者物価）は、家計が購入するモノやサービスのバスケット全体の値段」という話をしましたよね。一部のモノの価格が上がったとしても、他のモノが買い控えられて価格が下がると、全体で見たときに物価が下がりやすくなるのです。

だから、物価が上がり続けるためには、賃金が上がり続けないといけないのですね。

なるほど〜。そんな関係があったのか。

インフレ目標が1％ではなく、2％である理由

日本は、デフレから脱却するために、インフレ率の目標を2％に置いています。インフレ率とは、消費者物価指数の前年比の上昇率です。

実はこのインフレ目標、日本だけでなく先進国の国際標準になっています。なぜ2％なのかわかりますか？

それぐらいがちょうど良いとか？

少し当たっていますね。

え！ ウソ⁉

実は2％の確たる理由はないといわれています。**ただ、理論的にムリヤリ説明すると、失業率を最低水準にとどめる中で最適な一番低いインフレ率が2％程度ということでしょう。**

失業率はできるだけ低いほうがいいというのは言うまでもありませんね。しかし、働く意思のある人がすべて働いている「完全雇用」の状態までいったら、それ以上失業率は下がらなくなります。
すると、それ以上需要が超過しても経済が過熱するだけですから、経済のパイは拡大しないのに、物価だけが上がってしまいますね。
と考えると、最も経済面で良い環境とは何かというと、「失業率が最低」かつ「インフレ率が最低水準」にある環境といえます。完全雇用のときの最低インフレ率がこれまでだいたい2％と考えられていたということでしょう。

なるほど…。ちょっと難しいけど、ちょうどいいバランスが2％くらいってことですね。

「日本ではインフレ目標2％は達成しにくいから、1％にしたほうがいい」という専門家もいますが、それは間違いといえます。

他の国がインフレ目標2%を掲げているのに、日本だけ1%にしたら、日本の物価が海外に比べて相対的に下がって円高圧力が強まってしまうからです。

なるほど。でも、消費者感覚だとやっぱり物価が下がるのは有難いんですよねぇ…。これも、デフレマインドかもしれませんが。

デフレマインドを持つと、そう考えてしまうのもムリはないかもしれませんね。ですが、結局は円高圧力がかかって日本で生み出されるモノやサービスの国際競争力が下がってしまいますから、それは困ります。

それに、インフレ率を高くすれば金利も高い水準になっていくので、景気が悪化したときに利下げの余地がたくさん取れます。
その余裕をつくるためには、インフレ率は2%程度が必要であり、1%ではダメなのです。

日本の部長の年収は、タイの部長よりも低い

ところが、日本の物価はなかなか上がってきていません。それが問題なんですね。

先ほど、2022年9月の日本のインフレ率が3%になったと言っていましたが、これじゃダメなんですか？

ダメですね。**なぜかというと、国内の要因で3%になっているわけではないからです。**

えっ、どういうこと!?　ウソだったの!?

物価の上昇が偏っているのです。
インフレ率3%の内訳ですが、モノのインフレ率だけを見ると7%程度も上がっています。**ところが、サービスのインフレ率は1%も上がっていないんですよ。**

それの何がマズいんですか？

結局のところ、人件費が上がっていないということだからです。サービスの価格はモノのやり取りがないため、人件費に左右されやすくなります。だから、サービス価格が上がらないということは、給料が上がらず、日本人の購買力の上昇に結びついていないことを意味するのです。

それは困りますね…。

それどころか、輸入品が値上がりしているのに価格転嫁できないので、企業経営が苦しくなっているのです。その結果、従業員の賃金が上がりにくい、という悪循

環に陥っています。

最悪じゃないですか！　どうにかならないんですか？

解決策としては、金融・財政政策で経済をあたためながら労働市場の流動性を高めて賃金が上がるように持っていくしかありません。

だから、昨今の日本では、賃上げを促進する政策が多く行われています。従業員が新たなスキルを身につける「リスキリング」が奨励されているのもその一環です。

しかし、賃金は上がっていないような…。

日本の賃金が上がらないのは、労働市場の構造的な問題があると言われています。

具体的に言えば、労働市場の流動性の低さです。未だに新卒一括採用、年功序列の賃金制度が残っているうえ、解雇規制が厳しいので、なかなか転職しません。

そして、とくに正社員は終身雇用だから、業績不振に陥ったときに従業員の賃金を簡単に下げにくいのです。その反面、賃上げには消極的です。「どうせそこまで人材は流出しない」と考えている経営者も少なくないですから。

さらに、従業員の賃金に差をつけるのを嫌う風潮も、賃金が上がらない要因の一つと言われています。

従業員から見ると、クビになりにくいのは助かる面もありますが、それゆえに賃金が上がらないと…。

労働市場の流動性が低いまま推移していたこともあり、**日本の平均賃金は韓国よりも10％低くなってしまったなんていうデータもありますし、日本の部長の年収は、タイの部長よりも低くなってしまったなんていう調査もあります。**
このままでは海外と賃金の差が開く一方です。これ以上差が開くのを食い止めるには、心苦しいですが、ある程度は日本でも労働規制を緩和して、労働市場の流動性を高めなければならないでしょう。

なるほど…。

仮に賃金が上がっても、日本にはまだまだ問題があります。それは、賃金が上がっても消費に回さずに貯蓄してしまう人が多い、ということです。例のデフレマインドが邪魔してしまうわけですね。
こう見ていくと、日本は経済政策の面から見ると非常に厄介な国だと言えます。

Q 「51年ぶりの円安」といいますが、50年前は1ドル300円台では？

A 間違っていません。「実質実効為替レート」で見ているのです

他国が日本以上のインフレだと、買いにくくなる

「51年ぶりの円安」とニュースで見たので気になって調べたんですが、50年前（1972年）はまだ固定相場制で、1ドル300円台ですよね。僕の勘違いでしょうか。

いえ、間違いではありません。「実質実効為替レート」で見ると、51年ぶりの円安なのです。

実質実効為替レートとは何でしょうか？

自国の通貨は他国通貨と比べてどのぐらい購買力があるのか、対外的な購買力を示したレートです。
為替レートが円高になると、海外のものが円建てで安くなるので、買いやすくなる。ただ、本当に買いやすくなっているのかは、実は為替レートだけではわかりません。

え、そうなんですか？

はい。**日本よりも海外の物価が上がっているかどうか
も関係してくるからです。**
たとえばアメリカと日本で比べた場合、為替レートが
1ドル150円から、5年後に1ドル100円の円高になっ
たとしましょう。
これだけで見ると、アメリカで10ドルで売っていた
商品が1500円から1000円で買えるようになります
よね。

はい。そうですね。

ところが、アメリカの物価が2倍になり、日本の物価
がそのままだったとしたらどうでしょうか。アメリカ
で10ドルで売っている商品は5年前に5ドルで売ら
れていた商品です。日本円にして750円の商品ですね。
これが1000円で買えるようになっても、安くなった
とは言えませんよね。

買いやすいどころか、買いにくくなっちゃってますね。

そう。つまり、**自国通貨の購買力を正確につかむには、為替レートだけでなく、物価上昇も加味する必要があるのです。**

そこで、物価上昇を加味したものが「実質実効為替レート」です。

なるほど！

ちなみに、物価上昇を示すインフレ率格差を加味したものが実質実効為替レートです。一方、加味しないものが名目実効為替レート。この2つを比べると、実際の購買力がわかります。

実質実効為替レートを見れば、利上げはもっての外

日本円の実質実効為替レートで見ると、円安だというわけですね。

はい。それを示したのが次ページのグラフです（図3-5）。何か気づきませんか？

実質と名目でずいぶん違いますね。実質がかなり下がっています。

図3-5 **実質実効為替レートの要因分解**
〜低下の主因はインフレ率格差〜

(2010年=100)   (2010年=100)

凡例: 実質　名目　物価要因(右)

(出所)日銀

その通り。名目実効為替レートは50年前の2倍以上円高になっていますが、実質実効為替レートを見ると50年以上前の1970年の水準まで下がっているのですね。

その理由が物価というわけか。

はい。物価の下落を示したのが、物価要因なのですが、これがものすごく下がっています。
数字にすると、物価が海外に比べて相対的に7割以上下がってしまいました。だから、購買力が下がってしまったのです。

日本の購買力の低下は円安というよりも、物価安によるものだったんですね！

 最近は、一部の専門家が「円の価値を上げるために利上げをしよう」と言い出しています。しかし、**実質実効為替レートを見れば、利上げなどもっての外だということがわかります。**

なぜなら、物価インフレ率が低いために購買力が下がっているのですから、インフレ率を上げなければいけないのです。

インフレ率を上げるには「利上げ」と「利下げ」、どちらが必要ですか？

 利下げですね…。はい。

 そうなんです。もしここで利上げをしたら、さらにインフレ率が下がってしまい、より一層ひどい状況になってしまいます。

 円を強くするには円高にしなければいけない、と考えていましたが、そんな単純な話ではないんですね…。

Q 「購買力平価（PPP）」とはなんですか？

A ある国である価格で買える商品が他国ならいくらで買えるかを示す交換レート

「ビッグマック」は、いくらで買えますか？

物価が上がらないことで日本が厳しい状況になっているのは、「購買力平価（Purchasing Power Parity）」を他国と比較するとよくわかります。

購買力平価？

一言で言えば、「ある国である値段で買える商品が他国ではいくらで買えるかを示す交換レート」です。
たとえば、ある商品が日本では400円、アメリカでは4ドルで買えるとしましょう。すると、1ドル＝100円が購買力平価だということになります。
購買力平価の一番わかりやすい例が「ビッグマック指数」です。

ビッグマックって、あのハンバーガーの？

そうです。ビッグマックは世界中で売っているので、ビッグマックがいくらで売られているかを比較すると、だいたいの購買力平価がわかります。

たとえば、ビッグマックが日本で、400円で売られていて、アメリカでは5ドルだとしたら、購買力平価は1ドル＝80円ということになります。

ふむふむ。でも、他の国と購買力平価を比べて何がわかるのでしょう？

各国のモノを買う実力がわかります。もし購買力平価よりも為替レートが円安ならば、アメリカと比べて日本の購買力は低いことを意味します。

なるほど。あれ？　でも、3-1で物価と個別価格は違うってお話をしませんでしたっけ？

ご指摘通り、ビッグマックの価格はあくまで個別価格であり、**物価全体で比べなければ正確な購買力はわかりません。**

そこで、**A国で売られている商品・サービスの全体を足したバスケットの価格と、B国のバスケットの価格を比べるのです。**

それを計算したのが「絶対的購買力平価」です。

「1ドル＝96円台」が適正。しかし、実態は？

ちょっと、以下のグラフを見てもらえますか？　米ドルと日本円の購買力平価を比較したグラフです（図3-6）。

図3-6

ドル円レートの比較
～購買力平価では96円台が適正～

（円／ドル）

購買力平価　　　市場レート

（出所）IMF

これはどう見れば良いのでしょうか。

まずは購買力平価をご覧ください。2020年の時点で1ドル＝96円台です。為替レートも1ドル＝96円でないと、アメリカと同じ水準の購買力にはなりません。実際の為替レートがそれより円安だと、購買力が低い

ことになります。そう考えると…。

為替レートは2022年11月時点で大体1ドル＝140円だから、かなり購買力が低いということか…。

そういうことです。ここまで円安なら生活が苦しいのは当然です。**それだけ海外のモノやサービスの値段が上がっているから、日本の円も96円ぐらいにならないと、日本と同じ値段でモノが買えなくなっているわけです。**

為替レートは購買力平価に近づいていく

このまま購買力平価と為替レートが乖離し続けたら、私たちはずっと購買力の低さに悩まされることになるわけですか…。

実はそんなことはありません。**購買力平価と実際の為替レートはずっと乖離しているわけではなく、長期的に見ると近づく力が働くといわれています。**
つまり、他の国と購買力が等しくなるように、為替レートが動くようになっているのです。これを「購買力平価説」と言います。

じゃあ心配する必要はないですね。

一つ付け加えておくと、購買力平価と市場レートのグラフを見ると、80年代後半から2010年代前半までは乖離していて、購買力平価よりも円高になっています。これは金融引き締め的な環境をずっと続けていたせいです。

それでも乖離しない方向に常に圧力はかかっているので、いかに金融緩和が足りなかったかがわかります。

プラザ合意がデフレの遠因に

ちなみに、私は日本がバブルになったきっかけは、1985年のプラザ合意だと思っています。

すいません、プラザ合意って…なんか世界史で聞いたことあるような…。

プラザ合意とは、アメリカ・フランス・イギリス・西ドイツ・日本の5カ国が、アメリカの貿易赤字やドル高を是正するために為替市場に協調介入を決めたものですね。

あ！　そんな話があったかも！

先ほどの購買力平価のグラフを見ると、プラザ合意の前までは購買力平価よりも円安だったんです。**ところがプラザ合意によって急激に円高が進みました。**

なんでですか？

そのとき、日本には次のような思惑があったのではないかと私は考えています。プラザ合意で半ば強制的にドルの切り下げが行われたことで、**「それまでは輸出競争力が強かったので外需でたくさん儲けられたけど、円高になるとそうはいかない。ならば内需を拡大させよう」**と。

そこで法人税や個人所得税の減税や、利下げなどを積極的に行いました。その分のお金が不動産投資や株式市場に流れ込んでいったわけですね。

ところが、それをやり過ぎてしまったためにバブルになってしまったのです。

なるほど！　それを聞くと、プラザ合意がターニング・ポイントだったのかもしれないと思いますね。

ですがその後、利上げや不動産の総量規制でバブルが崩壊したのは、先に述べた通りです。

バブルが崩壊したとき、本当ならリーマンショック時のアメリカやヨーロッパみたいに、積極的な金融緩和を行って自国通貨を安くして経済を支えればよかったのですが、金融政策が常に後手に回って、ずーっと円が割高な状況が続いていきました。その結果、デフレ経済に陥ってしまったのです。

そしてやっとアベノミクスでグローバルスタンダード
の金融政策を実施して、購買力平価よりも為替レート
が安くなりました。
ところが、その一方で消費税増税などの緊縮財政を行
ってしまったので、経済が十分に成長しませんでした。
**言ってみれば、アベノミクス時はアクセルとブレーキ
が同時に踏まれていたようなものです。**

日本はなんてどっちつかずなんだ（笑）。

本当に…。その状態は今も続いています。
**日本はずっと経済が冷え込んでいるので、本来であれ
ば金融・財政政策で経済を過熱させる→経済の正常化
により金融・財政政策も正常化→購買力平価が高まる
シナリオが重要です。**
でも、あまりに財政規律を守り過ぎると、むしろ景気
が冷え込み財政も良くなりません。その辺りのバラン
スを考慮すると、政策当局は財政健全化よりもむしろ
経済の正常化を優先したほうが、かえって財政が改善
するという姿が見えてきます。

> **Q** 通貨って弱くても良い？
>
> **A** 状況によって異なります。目安になるのがGDPギャップです

栄養過多のアメリカ、栄養不足の日本

これまで、通貨の価値は強い（高い）に越したことはないようなイメージがありました。弱く（低い）てはダメなのかなと。

でも、お話を聞いていると、そうとも限りませんね。

そうですね。繰り返しになりますが、どちらが良いかはその国の経済状況に応じて異なりますね。弱いほうが良い場合もあるので。

自国の経済を人間の体にたとえると、健康な状況とは総需要と総供給のバランスが取れている状況です。持続的にインフレ率が2％で安定して上昇していくような需要と供給の関係にある状況ですね。

しかし、実際はなかなかバランスがうまく取れません。**今のアメリカのように、需要が超過していて物価が上がり過ぎている状況は「栄養過多」のような状態です。一方、今の日本のように、供給能力はあるのに需要が**

不足しているのは「栄養不足」のような状態です。

一国の経済が健康か栄養過多か栄養不足かを見るには、「GDPギャップ」というデータで見ます（図3-7）。

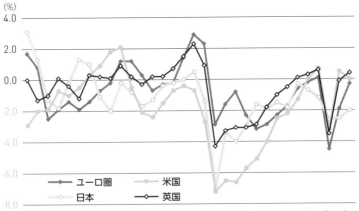

図3-7 **主要先進国のGDPギャップ**
〜米英は需要超過〜

（出所）IMF

GDPギャップとはなんですか？

一国の総需要と総供給のバランスを見たものです。図3-7は2022年のIMFが出した推計値です。供給能力に対して需要が超過していればプラス。需要が不足していたらマイナスになります。

なるほど。これを見ると…よくわかりません（笑）。

初見ではわからないですよね。

これを見てわかるのは、2021年以後イギリスとアメリカは0％より上になっていること。つまり、需要が超過しているということですね。

こういう栄養過多の国はインフレが過熱してくるので、金融・財政政策を引き締めて経済をクールダウンさせる必要があります。

金融を引き締めて自国通貨が高くなると安く輸入できるようになりますが、自国で生み出されたモノやサービスの国際競争力は低くなります。

すると、自国のモノやサービスが売れにくくなるので、景気を抑制して物価上昇を抑えられるわけです。

このような栄養過多の国は通貨が「強い」ほうが都合がいいのです。

では、日本は通貨が「弱い」ほうがいい？

そういうことです。日本のように長期間停滞をしている「栄養不足」の国は、通貨をある程度許容範囲の中で割安に保って、国内で生み出されたモノやサービスの国際競争力を高めて、需要を引っ張り上げるほうがいいのです。

ただ、1限目でも言いましたが、日本国内のすべての

企業や人々が円安で恩恵を受けるわけではないので、あまり極端に行き過ぎても良くないのです。3-6でお話ししたように、日本の政策当局としては130円程度を許容範囲と考えているようです。

弱いほうがいいのかどうかは、経済の状況でまったく異なるわけですね。

そうです。1限目でお話しした「ゴルフのハンデ」と一緒ですね。ゴルフの実力がないのにハンデが少なかったらもう勝負になりませんが、ゴルフの実力がある人間がたくさんハンデをもらったら、ズルいですよね。実は、リーマンショックの後からコロナショックが来る前までは、各国がハンデをもらいたがっている状態でした。

どういうことですか？

長らく世界経済の停滞が続いていたので、どの国も自国通貨を安くしたがっていたのです。世界経済全体で需要がなかなか拡大できないときには、他国を出し抜いてでも自国に需要を引っ張り込んで、自国の経済を支えなければなりませんからね。
このように、**自国通貨を安くして自国の経済を引っ張り上げる政策は「近隣窮乏化政策」の一つといわれて**います。

近隣窮乏化政策とは、他国に自国の経済政策の負担を押しつけること。それによって、経済回復をはかろうとするのです。

近隣窮乏化…。

とくに、中国は本当はゴルフの実力があるのに「ハンデをたくさんくれ」みたいなことをやってきた。すなわち栄養が足りていたのに栄養不足のフリをしていたのですね。だから、トランプ元大統領は頭にきて「為替操作」と言っていたわけです。

トランプって強烈なキャラクターにイメージが引きずられていたけど、ちゃんと聞くと言いがかりってわけでもなかったんですね。アメリカ大統領の立場なら、そう言いたくなるよな。

そうです。まぁ、かくいうトランプもドル安に誘導しようとしていたわけですが（笑）。それも自国を守るためです。
日本から見たらアメリカは軍事的に守ってもらっている同盟国なので、なかなか批判はできませんけどね。

一見おかしな行動に見えても、すべての行動には理由があるんですね。

Q ハイパーインフレが起こる可能性は？

A 限りなくゼロに近いです

「前月比50％以上の物価上昇」は、ほぼ起きない

そういえば、インフレ率が上がらない一方で「このままでは、日本でハイパーインフレが起こるのではないか」という人も一部いますが、確率は限りなくゼロに近いですね。

ハイパーインフレ？　すごいインフレ…物価がめちゃくちゃ上がるということですか？

そうです。**一言でいえば、「物価が過度に上昇して通貨の価値が暴落する現象」です。**

「過度の上昇」とはどのぐらいかというと、定義があります。経済学者のフィリップ・ケーガンの定義では「インフレ率が毎月50％を超えること」、国際会計基準では「3年間で累積のインフレ率が100％以上」と定義されています。

つまり、3年間で物価が2倍以上になるということですね。

いずれにしてもものすごい勢いのインフレにならない
とハイパーインフレとは言いません。

そもそも、どんなときに物価が過度に上昇するんです
か？

**地震などの大災害や戦争、内戦などによって深刻な物
不足に陥ったときに、起こることが多いですね。**
ただ、過去の事例を見るとわかるのは、1つの要因だ
けでは起こっていないということです。
たとえばロシアのウクライナ侵攻が起き、ウクライナ
が大きな経済的ダメージを受けていますが、ウクライ
ナでハイパーインフレは起こっていません。

日本でも、東日本大震災のときにインフレは起きませ
んでしたよね。

過去の例を見ると、よほどのことがないと、ハイパー
インフレは起きません。
たとえば、1920年代のドイツは第一次世界大戦の賠
償金を支払う余裕がなかったため、代わりに主要な鉄
鋼や石炭の生産拠点を占領されてしまいました。そこ
で労働者たちがストライキで対抗したのですが、それ
では労働者や企業が生き残れなくなるので、政府が紙
幣を大量に増刷し、給与を補填したのです。その結果、
通貨が大暴落し1ドル1兆マルクものハイパーインフ
レが起きました。

かなりひどい状況ですね。

また、第二次世界大戦後の日本は、敗戦後に通貨の価値が下落し、さらに戦争で工場が破壊されていたことから、モノが作れず深刻なモノ不足に陥りました。
さらに賠償金の重い負担も重なってハイパーインフレが引き起こされました。

日本も相当ですね…。

2008年のジンバブエや2013年のベネズエラのハイパーインフレは、お金の刷りすぎと政府の信用失墜が重なりましたね。
ジンバブエは2008年11月に前月比796億%のインフレが起きたのですが、政策ミスが原因のようです。労働者の賃金アップや選挙費の捻出（ねんしゅつ）のために通貨を発行し過ぎたうえに、白人からの農地強奪の合法化や、外資系企業が保有するジンバブエ企業の株式の強制譲渡など、むちゃくちゃな政策を打ち出しました。その結果、農業の生産が不振に陥り、モノ不足に陥ってハイパーインフレになったのです。
ちなみに、その後もインフレ対策として、商品価格を強制的に半額にしたことで企業がバタバタ潰れ、ますますインフレに拍車がかかるという、にわかには信じがたい話が本当に起こりました。

そんな雑な政策をする人たちがいるのか。どの例も相当ひどい状況になってからハイパーインフレが起きていますね。そう考えると、日本はそこまで行くとは思えない…？

そういうことです。**今の日本は、世界最大の対外純資産国、世界第2位の外貨準備高保有国、貯蓄超過、世界第3位の経常黒字国。非常に盤石の状態です。**

日本人が海外に保有している金融資産は1,200兆円ある一方、外国人が持っている日本の金融資産が800兆円くらいなので、差し引きで対外純資産を400兆円以上持っているんですね。

仮に「日本ヤバい！」と外国人が日本の資産を全部売っても、日本人が海外の資産を全部売れば、そちらのほうが円の需要は大きくなります。

改めて見ると、まだまだすごいな日本。

東日本大震災の原発事故で、日本が危機に陥ったのに、円高が進んだのは日本が世界最大の対外純資産国だからです。

とくに、復興のために日本国内でお金の需要が拡大するから海外の金融資産を売り払って国内に戻すのではないか、との観測がありました。それで、投資家が「円高になる」と考えて円を買ったのです。

もう日本は終わりだと思われて、みんなが円を売るんじゃないかと思ったのですが、違うんですね。

 違いましたね。ハイパーインフレが来る、と言っている人の中にはそういう考えをしていた人もいたかもしれませんが、このときは、その通りにはならなかったのです。**為替レートは通貨の需給で決まってくるわけですから。**

何があろうが、日本国民は世界最大の対外純資産国、つまり最も海外にたくさんお金を貸している国なので、それだけ戻す余地も大きいのです。現状、日本でハイパーインフレが起きる可能性は非常に低いですね。

3限目まとめ

- インフレとは、モノやサービスを総合した値段（物価）が上がり続け、お金の価値が下がり続けること。

- モノやサービスがたくさん売れることによって値段が上がるインフレは、「良いインフレ（ディマンドプルインフレ）」。物価上昇が賃金上昇を上回ってしまうのは、「悪いインフレ（コストプッシュインフレ）」。

- スタグフレーションは、別名「不況下のインフレ」。景気停滞にもかかわらず、悪いインフレが同時進行し、景気がものすごく悪くなる現象。

- デフレとは、モノやサービスを総合した値段（物価）が下がり続け、お金の価値が上がり続けること。

- 2国間のうち、インフレ率が相対的に上がるほど通貨の価値は低くなりやすく、下がるほど通貨の価値は高くなりやすい。

- デフレから抜け出すには、まず物価が上がる環境を作ることから。そうしなければ、賃金も上がりにくい。

- 賃金が上がらなければ、物価上昇を下支えできないため、物価だけが上がり続けることはない。

- 他国がインフレ目標2％を掲げる中、日本だけ1％にすると海外に比べて物価が相対的に下がるため、円高圧力が強まってしまう。

- 日本の購買力が上昇しない理由の一つは、人件費が上がらないから。

- 自国通貨の購買力を正確につかむには、為替レートだけでなくインフレ率も加味した「実質実効為替レート」を見ること。

- ある国である値段で買える商品が他国ではいくらで買えるかを示す交換レートを、購買力平価という。各国の購買力平価と為替レートを比べることで「その国の為替レートが割安か割高か」がわかる。

- 購買力平価と実際の為替レートは一時的に乖離していても、長期的に見ると近づくような圧力がかかる。これを「購買力平価説」という。

「世界の通貨」と
地政学

国際情勢の変化で為替は動く

金利に物価…、為替はこの2つを軸に動くのか。そ
れにしても、日本で暮らしているし、「日本円」し
か使わないから、世界の通貨に目を向けたことなん
て、今まではなかったな…。あまり日本円を相対的
に考える必要もなかったし。でも、海外の国々の動
きによって、通貨はこんなにも影響を受けるのか。
もっと世界のニュースに目を向けなくちゃ。

> **Q** ドル、ユーロ、ポンド、人民元に比べて、円の実力は？
>
> **A** 今は米ドルの1強状態です

「通貨の実力」がわかるポイント

ここまで日本円の話を伺ってきましたけど、他の国の通貨も気になってきました。
ユーロやポンド、人民元などは強いのでしょうか？

今日は世界の通貨について、お話ししましょうか。
通貨の実力をどう測るのか。**それは各国の通貨の「購買力」をチェックするのが一番です。**
購買力とは、その通貨を使ってどれぐらいのモノが買えるかということですね。何を見れば購買力の高さを測れるか、覚えていますか？

えっ、何だっけ…。

答えは「購買力平価」。 改めて、購買力平価とは、ある国である値段で買える商品が他国ではいくらで買えるかを示す交換レートでしたね。通貨の実力を測る場合、各国の通貨が購買力平価に対して何％割高か割安

か、どのくらい乖離しているかで、実力がわかります。

購買力平価より割高だと、その通貨は「強い」ということですか。

そういうことですね。それを算出したのが次のグラフです。IMFの予測データをもとにしました（図4-1）。

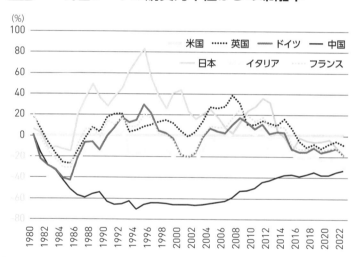

図4-1　**為替レートの購買力平価からの乖離率**

凡例：米国　……英国　ドイツ　中国　日本　イタリア　フランス

（出所）IMF

対象にした通貨は、円、米ドル、ユーロ、ポンド、人民元。**米ドルは基軸通貨でこれが基準になります。米ドルに対して上に乖離するほど割高というか、通貨の実力があります。**

中国の「人民元」が、あえて最弱通貨を装う理由

これを見て、何がわかるんでしょう？

まず、今、**最も強いのは米ドルであることがわかります**。2016年以降、米ドル以外は0％から下に乖離していますから。

次に強いのがイギリスポンドで、ドルに対して10％割安。1番割安なのが中国、34％割安となります。

米ドルの1強状態。自国通貨が弱いのは日本だけではないのか。

日本はドル円ばかり見ているので、円安円安と言いますが、実は今は円安というよりもドル高なんです。

アメリカはコロナショックの後に経済対策をやり過ぎたことに加えて、ロシアのウクライナ侵攻もあって、ものすごく経済が過熱しています。猛烈な利上げを行っているのは、その過熱を抑え込むためです。

言い換えると、通貨に上昇圧力がかかりやすい力が働いています。つまり、足元で最強の通貨は米ドルなのは当然なのです。

弱いなかでは、中国人民元が最弱…？

これは意図的な側面もあるかもしれませんね。2限目の2-6で述べたように、中国は変動相場制ではなくて管理フロート制を採用し、ある程度為替をコントロールしてきました。

アメリカからすると「不当に」と枕詞（まくらことば）がつくのかもしれませんが、人民元を割安にすることで「世界の工場」の地位を維持し、自国経済を支えてきたと言われています。

本当はもっと実力があるのに、不当にハンデをたくさん要求していた、という話がありましたね。あれか。

その通り。ただし、今でも人民元が割安なのは変わりませんが、2000年代半ば以降はグラフを見ると徐々にドルとの乖離が縮まっていて、割安感が縮小してきています。

その理由の一つは、中国の経済が成長して国民の生活水準が上がり、物価も上がってきていることがあげられます。

また、米中貿易摩擦が起きて「為替操作国だ」とアメリカが圧力をかけてきたことも、大きく影響しているでしょう。

ふぅん。まぁ、不当にハンデがあるのは不公平だし、人民元の価値が上がるのはいい気がするなあ。

ただ、中国の経済が強まったといっても、アメリカと比べたらまだまだ。アメリカのインフレ率8%に対し、中国はまだインフレ率2%程度で落ち着いています。2022年11月にも追加の金融緩和の報道が出ましたが、中国政府から見れば、通貨を実力よりも割安にして経済を引っ張り上げることが必要なのでしょう。**中国の理屈で言えば、金融緩和をしているのは理にかなっています。**

なるほど。では、ユーロはどうですか？

2010年代前半の欧州債務危機によって通貨が安くなりました。米ドルよりも割安ですが、金融緩和が必要かというとそうではありません。アメリカほど積極的ではないにしても、インフレによる金融引き締めを実施しています。そういった相対的な金融政策の違いが、乖離率からは見て取れます。

日本の円は弱い。
しかし、強ければ良いわけではない

改めて、日本円の実力はどうなんでしょうか？

ユーロや人民元などと同様に弱いですね。とはいえ、プラザ合意が行われた80年代半ば以降、異常な円高

で通貨が強すぎたのを、アベノミクスの大胆な金融緩和によって意図的に弱くした側面もあります。

理屈ではわかりますが、弱いのはなんかイヤですね…。

やすおさん。何度でも言いますが、通貨が強いからといって、その国の経済が強いとは限りませんからね。

そうですよね…。

その例が、過去の日本です。**プラザ合意が行われた80年代半ばからアベノミクスが始まる2010年代前半まで、日本円は割高な状況が続いてきましたが、経済の実力があるから円高だったわけではありません。**

実力以上に、自国通貨が高かったわけですよね。

そうです。そのせいで、本来海外に進出する必要がなかった生産拠点がどんどん外へ行ってしまいました。その結果、地方を中心に産業の空洞化を招き、経済を衰退させてしまったことをお忘れなく。

Q	何をもって通貨の「安全」「危険」を判断できるの？
A	通貨の安全性は、3つの指標で判断

有事の際の「スイスフラン」と「日本円」

「円」は安全な通貨だと聞いたことがあります。ただ、国力も衰退しているし、実際はどうなのでしょうか？

相対的に安全な通貨と言っていいでしょうね。
為替市場をよく知っている人にとっては常識ですが、一般的に安全通貨と言えば、スイスフランや日本円です。**国際金融市場で、金融危機のようなリスクを回避する必要のある事象が起きたときには、駆け込み寺のように、スイスフランや日本円が買われます。**
戦争や政変などの有事が起こったときに円を買うことを、「有事の円買い」といいますが、まだ健在といって良いでしょう。

そもそもの話ですが、みんな通貨は何をもって「安全」「危険」と判断しているんですか？

安全な通貨は**「価値が下がりにくいこと」**です。逆に、危険な通貨は「何か事象が起きたときに価値が下がり

やすい」傾向があります。

通貨の価値が下がりやすいか下がりにくいかは、どこで見極められるのでしょうか。

これはもう金融市場でお決まりのポイントが３つあります。「インフレ率」「経常収支」「流動性の高さ」です。

日本の通貨が安全である「３つの理由」

1「低インフレ率の国の通貨」は、価値が下がりにくい

まずはインフレ率ですね。

その国の物価が上昇すると通貨の価値が下がる、反対に物価が下がると通貨の価値が上がる、このことは、すでに何度か触れてきましたね。

ということは、**相対的にインフレ率の低い国の通貨は価値が下がりにくく、安全性が高いといえます。**

図4-2のグラフは、過去10年間の主要国のインフレ率を比較したものです。とくに、FX取引で注目されるような国をピックアップしたのですが、何かわかりませんか？

図4-2

主要国のインフレ率（2011～2021年平均）
～低インフレ国ほど通貨の安全性が高い～

(%)

| スイス | 日本 | フランス | イタリア | スペイン | ドイツ | 韓国 | 豪州 | 米国 | 英国 | 中国 | メキシコ | 南アフリカ | ブラジル | インド | ロシア | トルコ |

（出所）OECD

スイスと日本がダントツに低いですね！

はい。安全通貨のツートップですね。低インフレの国なので、通貨の価値が下がりにくいのです。

2「経常黒字国の通貨」は、価値が下がりにくい

通貨の安全性を測れる2つ目の要素は「経常収支」ですね。

経常収支は、端的に言うと海外との取引の収入と支出を差し引きしたものですね。

海外の支払いよりも海外からの受取りのほうが多いと経常黒字。海外からの受取りよりも海外への支払いが多いと経常赤字です。

経常黒字の国と経常赤字の国だと、経常黒字の国の通貨が安全そうですね。

その通り。**経常黒字の国ほどその国の通貨価値が維持されやすく、価値が下がりにくいでしょう。**
なぜなら、経常黒字だと海外に支払うお金よりも海外から受け取るお金のほうが多いからです。
日本で言えば、日本人が海外に支払うお金よりも、海外の人たちから受け取るお金のほうが多いということ。**言い換えれば、海外の人たちが自国通貨を日本円に替えて支払うほうが多くなります。**
だから、経常黒字の国の通貨は需要が高まりやすいのです。逆もまた然りですね。

そういうことか。

主要国の経常収支をGDP比にしたデータを見てください（図4-3）。直近の2021年の数字です。

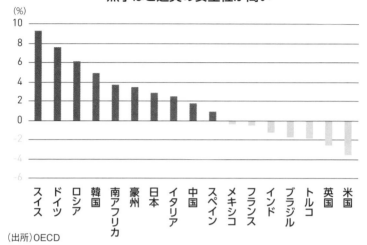

図4-3 **主要国の経常収支/GDP**（2021年）
〜黒字ほど通貨の安全性が高い〜

(%)

縦軸目盛り: 10, 8, 6, 4, 2, 0, -2, -4, -6

横軸（国名・左から）: スイス、ドイツ、ロシア、韓国、南アフリカ、豪州、日本、イタリア、中国、スペイン、メキシコ、フランス、インド、ブラジル、トルコ、英国、米国

（出所）OECD

これもまた、スイスがダントツで経常黒字ですね。

スイスに続いて、ドイツ、ロシア、韓国、南アフリカ、オーストラリア、日本、イタリア、中国、スペインが、経常黒字です。

一方、イギリスやアメリカは経常赤字です。これを見ると、スイスフランは完全なる安全通貨ということがわかると思います。

3 「流動性の高い通貨」は、価値が下がりにくい

安全通貨を見極める3つ目のポイントは「流動性の高さ」ですね。

これは流動性の高さ、あるいは取引市場規模の大きさと言っても良いでしょう。
インフレ率と経常収支だけ見たらスイスフランが最強なのですが、スイスフランは基軸通貨のドルやユーロ、日本円に比べたら取引量が少ないのです。取引量が少ない通貨は、値動きが大きくなり、暴落時に売りにくくなるリスクがあります。

日本円はどうですか？

日本円は、取引の市場規模が大きく流動性が高いので、経常収支はスイスほどではありませんが、安全通貨の部類に入ります。

総合力で底堅い「ロシアルーブル」

なるほど、「インフレ率」「経常収支」「流動性の高さ」。この3つの視点で見るのですね。

そういうことです。さらに、この3つをそれぞれ独立させて見るのではなく、総合的に見ることが大切です。

トータルで見ると興味深いのが、ロシアルーブルですね。

ロシアはインフレ率がとても高いので、それだけ見ると「価値が下がりやすく売られやすい通貨」となります。

しかし、エネルギーの輸出によって経常収支は大幅に黒字なんですよね。海外に輸出できる競争力のある材料をたくさん持っている国は強いですし、通貨の価値が下がりにくくなっています。

一面だけ見ても本当の実力は測れない！　あれだけ経済制裁を受けているのに、「なんで通貨が大暴落しないのか」不思議だったんですが、そういうことだったのか！

その他、海外に輸出できる競争力を持っている国といえば、オーストラリアやカナダなどの資源国が強いですね。

オーストラリアは1人あたりGDPが5万2,825米ドル（2021年）。日本の4万704ドルを上回っています。

▌良い経常赤字、悪い経常赤字

余談になりますが、**通貨が弱い＝悪いではないように経常赤字＝悪い**かというと、決してそんなことはありません。

え、だって赤字ですよ？　会社だって赤字だと怒られるのに、国はいいんですか？

たとえば、アメリカを見てください。経常赤字ですが、経済が非常にいいですよね？　**これは、国内の購買力が旺盛だからです。**国内の需要だけで経済が回るので、国外にそれ以上商品やサービスを売る必要がありません。だから、輸入が多くなるので経常赤字になるのです。

そういうパターンもあるんですね。

「良い経常赤字」があれば、「悪い経常赤字」だってあります。悪い経常赤字の代表格はトルコです。

トルコですか。どんな経済か、イメージができないな。

トルコは、国際競争力が高い輸出品がありません。それに加え、資源が乏しく化石燃料を輸入しなければならないので、経常赤字になりやすいんです。
結果として国際取引の決済にドルを使うので、ドル建ての債務を抱えやすいんですね。
すると、今のようなドル高の状況はキツくなります。
ドル建ての債務がどんどん増えていくようなものですからね。

黙っていても、借金がどんどん増えていく。辛い！

最悪の場合、払えないこともあり得ます。それで過去にデフォルト（債務不履行）を起こした国もありますよ。たとえば、アルゼンチンは何度もデフォルトに陥っています。

90年代末に起きたアジア通貨危機でも、タイやインドネシアなどが通貨安によって莫大な対外債務を抱えてしまい、その余波でロシアがデフォルトに追い込まれました。

トルコ以外にも、厳しい国はありますか？

南アフリカなどもリスクが高いですね。対内投資の依存度が高く、内需型経済で経常赤字になりやすく、ドル建ての債務も多く抱えています。

一方、ブラジルは経常赤字ですが、ロシアのウクライナ侵攻で穀物やエネルギーが値上がりしたウクライナに替わって、輸出している穀物が好調なので、まだマシなほうです。

ちなみに、アメリカは輸入品の95％程度がドル決済なので、ドルを他の通貨に替える必要がありません。だから、他の国ほど対外債務におびえなくてもいいのですね。

き、基軸通貨は強い。というかズルい！　こっちは、米ドルで大きな影響を受けているのに!!

日本を支える「400兆円の対外純資産」

ただ、今の日本は経常収支の黒字を維持しているものの、縮小しています。

ええ！　日本の強みが!!　黒字が縮小した理由は？

最大の理由が**貿易赤字**になったからです。経常収支の内訳は、貿易収支、サービス収支、第一次所得収支、第二次所得収支の4種類になります。

- **貿易収支**…商品の輸出入の収支
- **サービス収支**…国際貨物や旅客運賃の受け取り・支払い、訪日外国人観光客の宿泊費・飲食代の受け取り・支払い、証券売買等にかかる手数料等の受け取り・支払いなど
- **第一次所得収支**…対外金融債権・債務から発生する利子や配当金などの収支。親会社と子会社との間の配当金・利子等の受け取り・支払いがその例
- **第二次所得収支**…官民の無償資金協力、寄付、贈与の受け取り・支払いなど

このうち、貿易収支は長年黒字だったのですが、**最近は新型コロナの感染拡大やロシアのウクライナ侵攻に**

よって、食料やエネルギーなどの輸入品の値段が上がり、輸入額が膨らんでいます。

さらに円安で輸出競争力が高まっているものの、**半導体などの部品が足りないので製品を作って輸出するのに制約がかかり、貿易赤字に転落したのです。**

半導体が足りなくて、モノがつくれない…これは痛いな。

また、サービス収支も、インバウンドがものすごく増えていて、一時は黒字になったのですが、コロナで激減してしまい、赤字に転落してしまいました。

そうだ、インバウンドが過去最高記録を更新なんていっていましたもんね。しかし、それでも黒字なのはなぜですか？

第一次所得収支の黒字が、他の赤字を補って余りあるからです。なぜそんなに黒字かというと、日本は400兆円を超える世界最大の対外純資産国だからです。具体的には、その株の配当や利子所得、海外現地法人の収益などが圧倒的に大きいので、黒字が維持できているのです。

これまでの蓄積が大きいんですね。

4-3

Q 「有事のドル買い」は、今でも健在？

A 一昔前は有効でしたが、今はケースによります

1970年以降、米ドルの信認が揺らいだ

先ほど「有事の円買い」という言葉が出てきましたが、むか〜し大学の授業で「有事のドル買い」という言葉も聞いたことがあるような。
この法則は今でも当てはまるのでしょうか？

一昔前までは有効でしたが、最近は場合によりけりですね。
有事のときは、為替相場がどのように動くかなかなか読みにくいので、多くの人が安全な通貨を買っておきたいと考えます。
そのとき、世界で最も流動性が高い基軸通貨の米ドルを買っておけば、最悪どこの国でも使えるので、安全だろうというわけですね。

そう聞くと、今も当てはまりそうな気がするのですが…。

確かに冷戦時代は米ドル以外に信用度の高い通貨がなかったので、「有事のドル買い」が行われてきました。しかし、2-6でも述べましたが、1970年代からだんだんドイツや日本に追随されて経済が厳しくなりました。それで、1985年のプラザ合意などで米ドルの切り下げを認めてもらってきてから、米ドルへの信任が怪しくなってきたのです。

さらには、90年代の湾岸戦争や2001年の同時多発テロで「アメリカでも何があるかわからない」と思われるようになりました。

2001年ってぼくはまだ小学生でしたが、テレビで観た同時多発テロの映像は衝撃でした。

また、投資家たちも為替市場でさまざまな有事を経験し、「よくわからないからとりあえずドル買い」ではなく、「スイスフランや日本円などを買う」など、選択に幅が出てきました。

今では皆が、有事の内容がアメリカにどんな影響をもたらすかによって、ドルを買うかどうか冷静に判断していますね。

ロシアのウクライナ侵攻が、米ドルに与える影響

最近の有事と言えばロシアのウクライナ侵攻ですが、米ドルにどんな影響をもたらすのでしょうか？

ドルにとっては有利に働きますね。
ロシアとウクライナは世界有数の化石燃料と穀物の供給もとでしたが、戦争が起きたことで世界各国でそれらが不足しました。となると、化石燃料や穀物を持っている国は強い。逆に、化石燃料や穀物を海外に依存している国は厳しくなります。

アメリカって、化石燃料や穀物の供給はスゴいんですか？

化石燃料の純輸入国ではありますが、自前でシェールガスも取れるのである程度自給できます。穀物は、広大な土地を使って小麦やトウモロコシを作っています。
こういう場合のドルは強いですね。

日本は化石燃料も穀物も海外に依存しているから、厳しいよなぁ。

日本は、リーマンショックのような金融的な有事が起こった場合は強いんですけどね。食料やエネルギーの輸入が途絶えるような有事には弱い。いくら低インフレで経常黒字でも、日本円は売られやすくなります。

Q	「地政学リスク」と「為替」の関係は？
A	大いに関係あり。円高・円安、どちらにも振れ得る

北朝鮮のミサイルが飛ぶと円高になる？

戦争も為替とかなり関係があるんですね。

そうですね。最近は地政学リスクなんて言葉も重要になってきています。

なんか、聞いたことがあるような、ないような…。

地政学は国際政治を分析するにあたって、地理的な条件を重視する学問です。

大きな話だし、一般人とは縁のなさそうな話ですね。

そんなことはありませんよ。地理的に近い国の政治や軍事に関する緊張状態は、周辺諸国の経済に何らかの影響を与えます。当然、その影響は為替市場にも及び

ますね。

たとえば、**北朝鮮がミサイルを発射したニュースが出ると、リスク回避のために、一時的に円高が進んだりすることもあります。**

ん?? ちょっと待って。北朝鮮がミサイルを発射すると、円高? 日本が危なくなるから円が売られるならわかるけど。

それは円買いが進むからなのですが、その理由は2つあります。

一つは、とりあえず何が起こるかわからないので、リスク回避のために相対的に価値が下がりにくい日本円が買われるから。

もう一つは、まかり間違って北朝鮮のミサイルが日本に落ちたときに、円の需要が高まると考えられるからです。

ミサイルが落ちると、円の需要が高まるんですか?? ますます、わけがわからない。

東日本大震災のときと同じようなケースです。ミサイルによって建物やインフラなどが壊れれば、その復興にお金がかかりますからね。

日本は世界最大の対外純資産ですから、対外資産を切り崩して国内にお金を戻すと連想されます。

は〜、そういう論理なんですか〜。

仮に南海トラフ地震が起きたら、東日本大震災以上の被害が出ると言われています。復興需要で円高になる確率が高いでしょう。

あとは台湾有事ですね。今はまだ軍事演習止まりですが。

中国が台湾に攻め込むようなことがあれば、為替市場にはどんな影響が？

これは円高と円安、両方のシナリオが考えられます。
もし戦争状態になれば、近隣の海域を船が通れなくなって化石燃料の輸入が遅延したり、半導体が入ってこなくなることで、日本でモノが作れなくなって輸出できなくなったりするでしょう。

すると、経常収支に対してマイナスに働くので、その点では円安圧力がかかるかもしれません。

しかし万が一、日本国内にも被害が出るようなところまでエスカレートすれば、国内で復興のお金が必要になり、円高に振れる可能性もあります。

台湾有事については、明確に円高・円安と答えるのは難しいですね。

いずれにしても嫌なシナリオ…。戦争は起こってほしくないなぁ。

オーバーシュートしやすい
「アルゴリズム取引」

ただ、地政学リスクが為替市場に与える影響は、短期で終わることが多いですね。

北朝鮮がミサイルを発射したニュースが出ると、リスク回避のために、一時的に円高が進んだことがあると言いましたが、落下した地点がそれほど危険ではないとわかると、すぐにもとに戻ります。

今回のロシアによるウクライナ情勢のように、主要国の経済に大きく影響するような事態に発展する可能性が本格的に高まるようであれば、長期的な影響が出ることもありますが、レアケースでしょう。

なぜ短期的？　すぐ忘れてしまうんですか？

いやいや、地政学リスクに限らず為替レートはオーバーシュートしやすいからです。

オーバーシュートとは、何か事象が起きたときに、その事象を受けて市場が動きすぎることです。円売りも円買いもありますが、いずれにしても過剰反応してしまうんです。

敏感ですね。もっとどっしりしないと。

最大の要因は、為替市場は何かの事象が起きたときにいち早く動かないと儲からない、あるいは損してしまうからです。

とくに地政学リスクに関しては、速報ニュースで為替が動くので、分析している余裕はありません。その中でもゲームチェンジャーと言われる大きなニュースには即座に乗らないと間に合いません。最近でいうと「ロシアとウクライナが停戦合意の交渉をする」「ロシアが原子力発電所を攻撃した」というニュースなどはその典型例ですね。

ゆったり構えてたら損するのか。確かにニュースの数日後に為替の取引をしても、時すでに遅し。

まして最近は、「アルゴリズム取引」の影響が大きくなりました。

アルゴリズム取引？

人が判断するのではなく、コンピューターのプログラムによって自動的に判断する取引のことです。
近ごろはこの取引のウエイトが高くなっていて、何らかの有事が起こると、アルゴリズム取引が反応して超高速で一気に売買をします。だからますますオーバーシュートしやすくなっているのです。

ハイテク〜！

最近だと、日銀の金融政策決定会合が、「早く終わったら政策変更なし」「時間がかかるときは政策変更の可能性が高い」という経験則があることから、金融政策決定会合の終了時間によって自動的にアルゴリズム取引することもあるそうです。あるいは、日銀の黒田総裁の表情をAIで読み取って取引するシステムなんかもあるようです。

表情！　すごいというか、恐ろしい時代になりましたね。しかし、市場が乱高下しやすくなるような気がするのですが…？

良いところに気づきましたね。確かに為替市場はますます読みにくい状況になっています。
だから、FX（外国為替証拠金取引）は、個人投資家にとって非常にリスクが高いと思います。含み損を抱えていられる株式投資の現物投資とかと違って、FXは一定以上の含み損が出ると強制的にロスカットされて、多額の損が確定します。それ以上に損が出ないよう、勝手に決済されてしまうのです。

トイレに行っている間に、勝手に売却されたりとか!?
怖すぎるだろ！

かつては日本の個人為替投資家は、ミセス・ワタナベなどと言われてもてはやされましたが、そういう投資家たちが、アルゴリズム取引で一瞬にして強制ロスカットされ、大きな痛手を被った例も多数出ているようです。個人的にFXはまったくやる気になれません。

ぼ、ぼくもです～。

4-5

Q やっぱり、資源国の通貨は強い？

A 強い国もあれば、弱い国もある

┃アフターコロナ「資源国通貨」のゆくえ

先ほど説明いただいたロシア然り、資源の値段が上がると資源国の通貨が強くなりそうですね。

強くなりますね。資源国の通貨は資源価格にかなり左右されます。

それがよくわかるのが、こちらのグラフです（図4-4）。2017年の水準を100とした場合、代表的な資源国の通貨がどう値動きしたのかを示しました。100

より上に行くほどその通貨の価値が上がり、100より
下に行くほど価値が下がります。

図4-4 **主要資源国通貨の推移**
~ルーブルでロシア資源を買いたい人が多い~

（出所）各国中央銀行

2017年から比べると…、値下がりしている通貨が多
いですね。

とくに2020年4月あたりに、程度の違いはあります
が、軒並み下がっています。その原因は何かわかりま
すか？

えっと…新型コロナでしょうか？

そうです。コロナショックで、原油価格が大きく下がったのです。2020年4月には、WTI※原油先物の5月物が、1バレルあたりマイナス40.32ドル、と一瞬マイナスになりました。

新型コロナの影響ならエネルギーが貴重になり、値段が高くなりそうに思えるのですが、違うんですね。**しかし、原油価格が下がるのはまだしも、マイナスはさすがに行き過ぎのような…？**

マイナスになるのには理由があります。一つは、原油を保有しているだけで維持コストがかかるからです。「お金を払ってでも売ったほうが、損失が少なくて済む」と判断したのでしょう。

また、世界的なパンデミックによって世界中の人や物の移動が制約されることで、航空機の燃料の需要も一気に落ち込みました。だから原油価格が下がったのです。

それで資源国の通貨が軒並み下がった？

原油のインパクトは大きいですね。ただ、それだけでなく、あれだけ経済全体が止まれば、エネルギーだけ

※「West Texas Intermediate」の略。アメリカ南部のテキサス州やニューメキシコ州などで産出される高品質な原油

でなく、鉄鉱石やレアメタルなどの資源も需要が減りますから、資源国が儲かりにくくなります。そういうときは、資源国通貨は売られやすいというわけです。

その後、資源国の通貨が再び少し上がっていますね。

それは各国の経済対策で経済が少し回復したのに加え、ワクチンが普及し始めたからです。
さらに言うと、その後に**世界的な脱炭素化の流れで原油を増産しにくくなったことやロシアのウクライナ侵攻で原油価格が上がったことも、通貨高につながって**います。こう見ると、他の通貨に比べて資源国の通貨は、底堅いと言えますね。

資源国通貨でも、ブラジル「レアル」は弱い

ただ、一口に資源国といっても通貨ごとに違いがあります。**たとえばカナダドルは他の通貨と比べて最も落ち込みが少ない一方で、ブラジルレアルは弱い。**

同じ資源国でも？

そうです。これは、その国の経済状況が大きく影響しています。カナダは主要な先進国で経済が安定しているうえに、通貨の流動性も高い。こういう資源国の通

貨は売られにくいですね。オーストラリアやニュージーランドも同じことが言えます。

本当だ。オーストラリアやニュージーランドもそれほど下がってないや。

4-2で「インフレ率が低い」「経常収支が黒字」「流動性が高い」国の通貨は安全性が高い、とお話ししましたが、オーストラリアはまさにそれに当てはまります。それに対してインフレ率が高いのは新興国です。

たとえば、どんな国ですか？

2021年度のデータを見てみると、南アフリカは4.5％、ブラジルに至っては10.1％に達しています。経常収支も、南アフリカは133億ドル（1ドル＝17ランド換算。2,261億ランド）の黒字ですが、ブラジルは281億ドルの赤字です。
このようなファンダメンタルズ（経済の基礎的な条件）の違いの他、政情が安定しているかどうかも、通貨に影響します。ブラジルレアルが下がっているのは、政治が不安定なこともありますね。

複合的な条件によって変わってくるのですね。

あとは、**その資源国で取れる資源の動向によっても違いが出てきます。**

たとえば、オーストラリアは最大の輸出品目が鉄鉱石なので、豪ドルは鉄鉱石の価格と連動性が高いという特徴があります。

また、ニュージーランドは乳製品が輸出に占めるウエイトが高いので、ＮＺドルは乳製品の商品市況との連動性が高い傾向があります。

なるほど。

繰り返しますが、今はロシアのウクライナ侵攻によって世界的に食料やエネルギーの値段が上がっています。しかし、すべての国に悪影響が出るわけではありません。**化石燃料や穀物を代替的に供給できる国はむしろ恩恵を受けています。**

化石燃料でいえば、中東やカナダ、オーストラリア。穀物で言うと、アメリカ、フランス、南米などです。

とくに、カナダ、オーストラリアのように、エネルギーや食料の国内自給率が100％を超えている国は代替的に輸出できるので、恩恵は大きい。

そういった国は、どちらかというと良いインフレに近い物価の上がり方をしている側面もありますね。

Q	ロシアのルーブルって危なくないの？
A	意外と、そんなことはありません

「SWIFT排除」で大ダメージと思いきや…？

ロシアのウクライナ侵攻によって、ロシアは西側諸国から強烈な経済制裁を受けているというニュースを見ました。
国債はデフォルトになり、通貨が紙くず同然になるのも時間の問題かと思ったのですが、全然そうなっていませんね。

紙くずになることはないですね。それどころか「強い通貨」とさえいえます。

なんか、ロシア強気に見えますもんね。

図4-4で、ロシアのルーブルの値動きを見ましたよね。ウクライナ侵攻以降、ルーブルは2022年3月に急落したのですが、すぐに回復し、5月には侵攻前よりも値上がりしています。

ホントだ。爆下がりと爆上がりがハンパじゃないですね。

確かに経済制裁の影響を受けて、短期的には売られました。しかし、ルーブルは需要があるんですよ。

いったいなぜ…。詳しく教えてください。

西側諸国の経済制裁のうち一番強烈だと言われているのが、「SWIFT排除」です。
SWIFTとは、銀行間で国際的な送金や決済を行う通信ネットワークのことで、各国の金融機関はこれを使ってドル決済を行っています。そこからロシアを締め出したのです。

排除されたということは…、ドル決済ができない？

はい。ロシアはドル決済でモノを売りにくくなりました。
その最たる例が化石燃料です。ロシアは原油が世界第2位、天然ガスは世界1位の輸出大国ですが、基本的にドルで取引をしているので、ドル決済ができなくなると、大口顧客である西側諸国に化石燃料を輸出できなくなります。だからルーブルが売られたのですね。

ロシア、大ピンチですね。

普通はそう思いますよね？　一昔前であれば、西側諸国の経済が圧倒的に大きかったので、そういった制裁をすればダメージは大きかったでしょう。しかし、今は違います。

何がどう違うんですか？

中国やインドなどの新興国の経済が大きくなったことです。それらの国とはドルを介さずに決済ができるので、SWIFTから排除されても大した影響はありませんでした。

また、ロシアは化石燃料をはじめとした輸出品をルーブルでしか取引しないと言っています。新興国がその話に乗ってロシアの化石燃料を大量に買い、ルーブルの需要が高まっているのでしょう。

ちなみに、ロシア国債も、ドル建てで支払えなくなってしまったので、ルーブルで返しています。

実は全然ダメージを受けていない。そう考えるとルーブルは強いな…。

結局、資源を持っている国は強い。ロシアのウクライナ侵攻で改めてそのことが浮き彫りになりましたね。

「ロシアのデフォルト」噂の真相は？

ちなみにロシアがデフォルトしたという話ですが、**これも本来の意味でのデフォルトとは違います。**

どういう意味でしょうか。

ロシアは1998年にロシア危機が起きて、デフォルトしたことがあるのですが、それと比較するとよくわかります。

90年代後半のロシアは、通貨を安定させるためにドルペッグ制をとっていました。つまり、ルーブルのレートをドルに連動させていたのです。

ところが、アメリカの政策金利の引き上げに連動して、ロシアも政策金利を引き上げたことで、ルーブルがドル以外の通貨に対して割高になりました。

実力以上に自国通貨が高くなるとどうなりますか？

輸出関連産業には不利になる、ですか？

そうです。国際競争力にはマイナスに働きますね。すると、それを見た市場関係者が「ルーブルのドルペッグ政策は持たない」と判断し、ルーブルをワーッと売ってしまったのです。

ロシアは政策金利を150%に上げるなどして対抗しましたが、守りきれずに通貨を切り下げざるを得なくなりました。

切り下げるということは、ルーブル安になったんですね。

そうです。その結果、ロシアは海外から多くの借金をしていたのですが、ルーブルの価値が下がったことで借金が返せなくなってしまいました。これでデフォルトに至ったわけです。

今回は、それとはワケが違うんですね。

まったく違います。2000年代以降のロシアは、資源価格の高騰でめちゃめちゃ儲かっていて経常収支もものすごく伸びていますし、ドル建ての資産もたくさん持っています。
だから、デフォルトといっても借金が払えないわけではない。ドル決済ができないので、払える余力があるのに払っていないだけなのです。それもルーブル高の1つの要因かもしれませんね。

なるほど！　ロシアが経済的にそこまで強いなんて、全然知らなかったな。

1998年のロシア危機をきっかけに、ロシアはドルペッグ制をやめ、変動相場制を採用しました。2限目で説明した国際金融のトリレンマの観点から見ると、それによって金融政策の独立性と資本移動の自由が担保できたからこそ、通貨が安定したともいえます。

 やっぱり変動相場制はメリットがあるんだなぁ。

歴史に学ばなければ儲かっていた!?

 これは完全に余談ですが、1998年にロシア危機の影響で、LTCM（ロングターム・キャピタル・マネジメント）ヘッジファンドというアメリカの有名なヘッジファンドが破綻したことがあります。
LTCMファンドは金融工学でノーベル経済学賞を取った学者を集めて、彼らの金融工学のスキルを駆使して資金を運用しているということで、たくさんのお金を集めていました。

 スター選手が集結したファンドなのに、なんで破綻しちゃったんですか？

 金融工学の考えでは、投資対象の適正な価格水準からオーバーシュートしているかどうかを重要視します。オーバーシュートしたときに売り買いをして、価格が戻ったときに買い戻す（売り戻す）ことで儲けようと

するのです。

ロシア危機が起きたときにルーブルが下落したのを見て、その通りに、ルーブルを大量に買ったんですね。ところが、そのままロシアが破綻したので、LTCMは安くなったルーブルを大量に持つ羽目になり、破綻に追い込まれたのです。

あらあ…。

なぜこの話をしたかというと、今回のロシア危機のときに当時のLTCMと同じようにルーブルを大量に買っていたら、大儲けできたんですよ。

おそらく今回も侵攻直後にルーブルが一気に売られたのは、98年のロシア危機の経験則が影響したのだと思います。しかし、当時と違って世界的に化石燃料の需要が増えているので、すぐに値を戻したというわけです。

歴史に学べ、とよく言いますけど、歴史に学ばないほうが儲かったなんて。投資の世界、なんて複雑なの！

Q	原油価格の動きは為替にどんな影響を及ぼしますか？
A	資源のなかで最も大きな影響を及ぼします

天然ガスも穀物も「原油価格」に左右される

資源価格が上がると資源国の通貨が上がりやすくなるということですが、とくに影響の大きい資源とは何でしょうか？

それは迷うことなく「原油」ですね。なぜかというと、原油が最も他の一次産品の価格に影響するからです。

一次産品って…。

自然から採取して、まだ加工されていない状態のもののことです。原油や鉱産物、米や小麦、野菜などがその例ですね。

それらの価格が原油価格とどう関係してくるんですか？

日本を例に説明しましょう。日本で発電用のエネルギーとして最も多く使われているのが天然ガスです。中東やオーストラリアなどから長期契約で輸入しているのですが、その際、天然ガスの価格を原油価格に連動する形で取引することを決めています。だから原油価格が大きく影響してくるのですね。

また、穀物についても原油の代替エネルギーであるバイオ燃料のもとになりますから、原油価格によって穀物価格も左右されます。

みんな原油価格に関係するんだ。

だから原油を見ておけば、為替への影響がだいたい見えてくるといっても過言ではありません。

▌原油価格が上がると圧倒的に有利な国は？

原油の価格が上がると、原油を輸出している国の通貨は上がりやすいし、輸入国の通貨は下がりやすくなる？

アメリカのように輸出しているけれども輸入のほうが大きい国もあるので、**厳密に言うと、「原油を『純輸出』している国の通貨は上がりやすいし、『純輸入』している国の通貨は下がりやすい」**ですね。

以下は経済規模の大きい主要国の原油の貿易収支を

GDP比で見て、ランクづけしたグラフです（図4-5）。

図4-5 **主要国の原油貿易収支／GDP（2021年）**

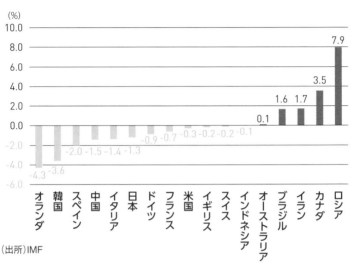

（出所）IMF

う〜ん、ロシアが圧勝。

そうなんです。こういう国は、原油価格が上がると通貨が上がりやすいですね。カナダやイラン、ブラジル、オーストラリアも原油が上がると自国通貨が上がりやすくなります。

逆に、原油の貿易収支がマイナスなのはオランダやスペインなどのユーロ圏。それに韓国です。

日本や中国よりも韓国のほうがマイナスなんですね。

韓国は原油の海外依存度がすごく高いんです。GDP に占める原油の貿易赤字が大きいので、原油価格が上がると自国経済へのダメージが大きくなります。

韓国は利上げをしているのに対ドルでウォンが下がっているのですが、その一因に貿易赤字の大きさがあると思います。

原油の価格が上がると、資源国の通貨が値上がりしやすいということですね。では原油は純輸入だけど、小麦や鉄鉱石などその他の一次産品を純輸出している国はどうなのでしょうか？

それぞれの国における一次産品の純輸出入の規模と価格変化の動向で影響は異なるでしょう。そして、結果としてトータルの貿易収支にとって黒字幅拡大もしくは赤字幅縮小に作用するなら通貨高になりやすく、逆に貿易黒字縮小もしくは赤字拡大に作用するなら通貨安になりやすくなります。

▍「脱炭素」で化石燃料の価格が上がる？

でも、最近は脱炭素が盛んに叫ばれていて、原油に頼るのをやめようとしていますよね。こうした動きは原油価格にも影響を与えているのでしょうか？

影響はありますね。具体的に言うと、**世界的な脱炭素の流れによって原油価格は上がりやすくなっています。**

脱炭素なのに？

世界中の国が2050年にカーボンニュートラルを実現することを目指していますが、これは、2050年には化石燃料の需要が限りなくゼロに近くなることを目指しているわけですよね。これを投資家の目線から見るとどうなるかわかりますか？

え、なんだろう…。

投資家の基本的な行動パターンは、将来の成長期待がある国や企業に投資をすることです。
それを踏まえて考えると、**将来を見据えたら、化石燃料の採掘分野は期待できない。だから、化石燃料には投資マネーが回りにくくなっているのです。**

確かに、今から化石燃料への投資はリスキーですね。

その結果、何が起きているかというと、化石燃料の増産がしにくくなっているのです。
OPEC（石油輸出国機構）諸国のなかでもアンゴラやナイジェリアのような小国は、海外からの投資マネーを頼りに自国の原油を掘っているので、投資がなけれ

ば増産できません。実はOPEC諸国は段階的に増産していく計画を立てているのですが、ずっと計画が未達なんです。アメリカのシェールも投資マネーが入ってこないと増産しにくくなります。

そういう構図なんですね。なるほど。

でも、現状を考えると、世界中でものすごく化石燃料が必要ですよね。なので、需給が逼迫して値段が上がってくるというわけです。

実は前から原油価格は上がっていたとか…。

それはありません。2010年代後半はそれほど高くありませんでした。なぜかというと、当時のアメリカのトランプ政権が環境より経済を優先していたので、国内シェールも増産していたからです。しかし、バイデン政権に替わってから、アメリカも脱炭素化に舵を切ったので、それで一気に局面が変わりましたね。

2024年にアメリカ大統領選挙がありますが、その結果でまた変わりそうですね。

そうですね。仮にトランプ元大統領のように環境よりも経済を優先する大統領になったら、また原油価格が

下がるかもしれません。

中東諸国はこれからも安泰？

今は原油価格がかなり高いですよね。資源国は左うちわだろうな…。

アラブの王様が裕福な生活ができるのは、原油のおかげですよね。

ただ、資源国も遠い将来を見据えたらこのまま安泰とは言えない危機感を持っています。仮に化石燃料の需要が下がっても経済が回せるように、いろいろなことに取り組んでいますよね。

たとえば、どんなことを？

中東諸国は日本に対して「良い条件で化石燃料を売るから、その代わりにさまざまな技術を教えて欲しい」なんて交渉を前からしています。 太陽光発電や風力発電などの再生可能エネルギーにも取り組んでいます。

原油の上に胡坐をかいているわけではないんですね。

ロシアも、安倍政権のときに結構日本と近づいた局面がありました。

なぜなら、トランプ政権のシェール増産によって原油の価格がものすごく下がってしまったからです。そのことにロシアは危機感を持ち、北方領土返還もちらつかせながら、日本に技術的な支援を求めてきたわけです。

そんな思惑があったとは。外交カードは使い様ですね。

4-8

Q　円高・円安の動向を深く知る国際ニュースの見方は？

A　経済ニュースメディアの「今日の市況」を見よう

市場が「大きく動いたときだけ」でOK

国際ニュースから、円高・円安における影響を見抜けるようになりたいのですが、どこを重点的に見れば良いでしょうか？

「基本的に、為替はどういう要因によって動くか」に関連するニュースが重要ですね。
これまで述べたように為替は「2国間の金利差」や「インフレ率格差」に左右されます。さまざまな経済指標があるので、それもチェックすると良いでしょう。経済指標に関しては、5限目で詳しくご説明します。

ぜひお願いします！

それ以外で言えば、**将来、物価や賃金に影響を及ぼすような大きな国際情勢の変化**も要チェックです。戦争のような有事はその典型ですね。
また、**各国の国内の政治情勢もその国の将来の経済状況や国際情勢を左右します。大統領選挙や与党の交替**などはその一例です。

先日のアメリカの中間選挙とかですね。あとは、何かこのニュースサイトを見ておくと良いというオススメがあれば教えてください。

今日の為替や株、債券などが動いた要因を解説してくれる記事を毎日配信してくれる媒体ですね。**ブルームバーグやロイター、日経 QUICK 等はオススメです。**
それをチェックするだけで、為替に対する感覚が少しずつついてくると思います。
毎日見るのがベストですが、毎日でなくても、円高や円安が進んだときに「なんで動いたのだろう？」と興味を持ち、「自分なりの仮説」を立てられれば上出来です。
ニュースを見て答え合わせをすれば、予測精度も上がってきて、「自分なりの経済の見方」が確立されていくと思いますよ。

● 世界で一番強い通貨は2022年時点で「米ドル」。次いでイギリスの「ポンド」。

● 安全な通貨は「価値が下がりにくい」こと。日本は安全な通貨であり、その理由は「低インフレ率」「経常黒字」「流動性の高さ」。

● 良い経常赤字は、国内の需要だけで経済が回るほど、購買意欲が旺盛であること。悪い経常赤字は、購買意欲が乏しく、かといって国際競争力の高い商品やサービスも少ないこと。

● 日本は400兆円を超える世界最大の対外純資産国。そうそう円が暴落する心配はない。

● 地政学リスクと為替は大いに関係あり。日本は北朝鮮や台湾などの動向に気を配ると良い。

● 資源高のときに、資源国の通貨は基本的に堅調だが、カナダのカナダドルは強く、ブラジルのレアルは弱い

などといった差もある。

- ロシアのルーブルは、SWIFTから排除されても意外に強い。

- 原油が高いときには、原油を純輸出している国の通貨は上がりやすく、「純輸入」している国の通貨は下がりやすい。

- 脱炭素の流れで、原油価格は高くなりやすくなっている。

- 資源国は脱炭素社会に備えて、準備を進めている。

- 為替や株、債券などが動いた要因を毎日解説してくれる「ブルームバーグ」や「ロイター」「日経 QUICK」といったニュースをチェックしよう。

為替相場を動かす「経済指標」の読み方

市場を読むなら「ここ」を見よ

永濱先生の講義も、今日でいよいよラスト。5限目は為替の動きを自分で読み解くために、経済指標の見方を学んでいく！　でも正直、大量のデータを読むのは苦手だ…。そうした中でも、ここのデータだけ見ればいいという「数値の読みどころ」を教えてもらいたい。永濱先生、よろしくお願いします。

5-1

Q 為替の動きと経済指標には、関係がありますか？

A 短期的にも中長期的にも関係があります

指標を見れば、先読みできる

為替の動きを読むには経済指標を見ることが大切だ、とおっしゃっていましたね。改めて「経済指標」って何ですか？

一言でいえば、「経済の状況を数値で表したデータ」です。景気や消費、雇用など、さまざまな分野の指標があります。

たとえば、GDP（国内総生産）やISM景気指数、消費者物価指数、米国雇用統計などがその代表ですね。

それぞれの指標に関しては、あとで詳しく説明します。

経済指標、前から読めるようになりたいと思っていたんです。でも、何をどう読めばいいかわからなかったので楽しみです。ちなみに、いつ発表されるんですか？

発表の頻度は指標によって異なりますが、毎月発表されるものもあれば、四半期に一度のものもあります。

たとえば米雇用統計は夏時間のときは日本時間で「毎月第1金曜日の午後9時30分」というように、定期的に発表されます。

発表されると、為替が大きく動くことが少なくありません。だから、投資家たちは指標が発表される時間になると、釘づけになります。

経済指標は経済の状況を表しているわけですよね。それがなぜ為替の動きに関わってくるんですか？

各国の政府は、この指標のデータを参考に、どんな政策を実施するかを決めて実行しているからです。
なかでも金融政策に関しては、経済指標の数値によって政策が大きく左右されます。それを見込んで投資家たちが通貨を売買するので、為替相場が動くのです。

なるほど。そういうことか。

たとえば消費者物価指数のように、利上げに影響があるような経済指標が発表されるとしましょう。消費者物価指数が事前の予想より上昇しているとしたら、インフレ圧力が想定より強いことがわかります。
インフレ圧力が想定より強くなったら、政府はどんな対策をとりますか？

利上げでしょうか…？

正解です。だいぶ理解してきましたね。

アメリカの消費者物価指数が事前の予想より上がってくると、投資家たちは「おそらくアメリカは利上げ幅を拡大するに違いない」「利上げ幅が拡大したら円安ドル高になるのでは」などと予想します。

事前にドルを買っておけば、利上げ幅拡大で円安ドル高になったときに儲かりますよね。だから、経済指標が発表されたときに為替が動くというわけです。

だから投資家たちはチェックしていたのか！

また、政府が金融政策を発表しても為替が動かないことがあります。

それは、投資家たちが経済指標の見通しから金融政策を予想し、先回りして円やドルを売り買いしているからです。その材料はすでに値動きに織り込まれてしまっているわけです。

「予想とズレる」と為替が動く

ただし、投資家たちの予想は当たるとは限りません。

たとえば、アメリカで0.5％の利上げがあると予想されていたのが、フタを開けたら0.75％の利上げだっ

たとしましょう。その場合は、政策が発表されたとき
に、為替が動きます。

また、経済指標自体も公式発表される前にブルーム
バーグや日経 QUICK などから予想値が発表されるの
ですが、その予想値も為替相場に影響を与えます。

さらに、実際に発表された数値と予想値がズレている
と、やはり「織り込み済みの材料と違う」となり、為
替が動きます。

経済指標一つとっても、いろいろなタイミングで為替
が動くんですね。

近年は4-4で紹介したアルゴリズム取引の影響で、ま
すます値動きが激しくなっているところもあります。
さらに、経済指標は短期的な値動きだけでなく、中長
期的な値動きに影響する場合もあります。有名な経済
指標は世界中の市場関係者が見ているので、経済の流
れを予想したいなら、チェックしておく必要があるで
しょう。

▌本当のデータより「予想」が重要？

経済指標の動きは何をチェックすれば良いのでしょう
か。発表された数値を見ても、それが何を意味するの
かよくわかりません。

数値の意味を読み取るスタンダードな方法は、前年同月比や前月比などの「変化率」を比べることです。
なお、前年同月比と前月比では見えてくるポイントが異なります。

どう違うんですか？

まず、前年同月比の場合、「急に下落に転じた」といった最近の方向性の変化は察知しにくいのですが、**過去12カ月間の平均的な変化がわかるので、大きなトレンドをつかみやすい特徴があります。**
それに対し、前月比は特殊な要因で大きく振れることがあるので、大きなトレンドがつかみにくいのですが、**最近の方向性の変化を素早く察知できるのです。**

何か具体的な例はありますか？

今、最も注目を集めているアメリカのインフレ率で見てみましょうか。
2022年7月の消費者物価指数を、前年同月比、つまり2021年7月と比べると、8.5％のプラスでした。これだけ見ると、かなり物価が上昇していることが読み取れますよね。
ところが前月比、つまり2022年6月と比べると、0.0％とほぼ横ばいだったので、少しインフレが落ち着い

てきたと見ることができます。

おお、確かにわかることがまったく違いますね。

ただ、**実際の前月比や前年同月比のデータよりも重要なことがあります。それは事前の予想値と比較することです。**

え、本当のデータよりも予想値のほうが重要なんですか？

はい。**為替のマーケットは事前の予想値を織り込んで動いているので、それと異なるとマーケットが反応するのです。**

ちなみに、値動きに事前の予想を織り込んでいるのは、株や債券も同じですよ。

なるほど。

もう一つ重要なのは「速報値」です。経済指標は1回だけ発表されるのではなく、確報の前に速報の情報が発表されることがあります。たとえばアメリカのGDPは一次速報、二次速報、確報の3回発表されるのですね。

なかでも最も注目されるのは、一次速報です。二次速

報、確報は、一次速報からの修正ですが、一次速報は
何もないところからいきなり数字が出るのでマーケッ
トへのインパクトが違います。

このため速報値にはより注目しましょう。

5-2

Q 為替の動きを見るにあたって、アメリカで重要な経済
指標は何がありますか？

A 「景気」「雇用」「物価」の３つ。まずはアメリカの雇
用統計をチェックしましょう

なぜ、アメリカの雇用統計が重要なのか？

一口に経済指標といっても、たくさんありすぎてどれ
を見れば良いのか迷います。「これだけは見ておくべ
き！」という経済指標は何ですか？

為替への影響が大きいのは「景気」「雇用」「物価」の
３つなので、それに関する経済指標を見ておくと良い
でしょう。

３つのなかでも重要なのは「雇用」ですね。それもア
メリカの雇用統計を見ておくことが重要です。

なぜ、真っ先に、アメリカの雇用なんですか。

基軸通貨のドルを持つアメリカのGDPの伸びに大きく関係してくるからです。

アメリカのGDPは、世界のGDPの約4分の1を占めるほどの大きさで、その増減は世界経済に大きな影響を及ぼします。

そのGDPのうち、約7割を占めているのが個人消費です。ちなみに日本は5割強です。

アメリカは個人消費が占める割合が大きいんですね。でも、それなら雇用ではなく、消費の指標を見れば良いのでは？

実は、個人消費の増減はアメリカの雇用状況に大きく左右されるのです

理由は、アメリカの企業は景気が悪くなると、人件費を調整するために、雇用している人をバンバンとクビにするからです。

工場では、完全にクビにするのではなく、業績が回復するまで一時的に解雇する「レイオフ」の場合もありますが、レイオフも給料が支払われないので、個人消費に悪い影響が出るのは変わりません。

なるほど〜。

だから、雇用統計を見ると、今後の個人消費やGDPの行方を予想できるのです。個人消費もGDPも為替

に影響してきますから、雇用統計を見ることが重要なんですね。

雇用統計から、そんな読み方ができるなんて！

雇用統計が重要なもう一つの理由は、**アメリカの場合は、金融政策の目的が物価の安定化だけでなく雇用の最大化も含まれていること**です（デュアル・マンデート）。

ちなみに、日本の雇用統計はアメリカほど注目されません。理由は次々とクビを切ることがなく、景気に敏感に反応しないからです。

▌注目すべきは「NFP」

アメリカの雇用統計は、何を見れば良いのでしょう？

まず**注目すべきは、非農業部門雇用者数のデータです**（図5-1）。これは、アメリカの労働省労働統計局が調査している農業部門以外の就業者の数で、「NFP」（Nonfarm Payroll）と呼ばれています。

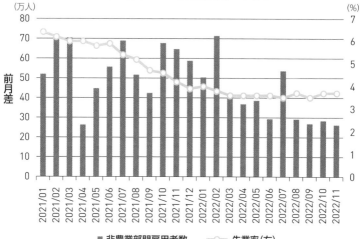

図5-1

米国雇用者数と失業率
～失業率4%が完全雇用の目安～

（出所）米商務省

■ 非農業部門雇用者数　─○─ 失業率（右）

なんで「非農業部門雇用者数」なんですか。農業で働く人も重要な役割を果たしているのに！

もちろん、農業で働く人はやすおさんの言う通り大切です。ただ、農業部門の雇用者数は天候のような景気と関係ない要因によって左右されるので、除外しないと、雇用者数の変動から景気の良し悪しがつかみにくいんですよ。

なんだ、そういうことか。

アメリカの雇用統計を見るポイントは「前の月から何万人増減したか」ですが、**実際の数や市場予想よりもどのぐらい上振れ・下振れしたかが重要です**。予想よりも雇用者数が多ければ、景気が予想以上に上向いているといえます。

雇用統計が注目される理由は、集計から発表までの時間が短く、将来を予想できる材料が早くわかることもあります。
毎月第1金曜日に発表されるのですが、たとえば2022年では、8月の雇用統計が9月2日にはもう発表されてしまいます。日本時間の午後9時半（冬時間では午後10時半）に発表されるのですが、市場関係者の第1金曜日は残業確定です。

せっかくの金曜日なのに飲みに行けないなんて。ぼくには務まらない仕事だな。

「雇用統計」3つのチェックポイント

雇用統計の発表日には、非農業部門雇用者数の他の指標も発表されます。**グラフにありますが、その中の「失業率」は重要です**。16歳以上の労働力人口に対する完全失業者の割合で、ニートのような求職活動をしていない人は含まれません。

雇用者数だけでなく失業率も見たほうがいいんですね。

 はい。雇用の最大化を判断するうえで重要です。雇用が最大化すると、それ以上は失業率が下がりにくくなり、インフレが加速しやすくなるためです。

 グラフを見ると、直近2022年はかなり下がってきていますね。

 アメリカでは、働きたい人がすべて雇用されている「完全雇用」の状態は失業率4%程度が目安なのですが、2022年2月以降それを下回っていて3%台に突入していますからね。経済が過熱していると判断できる理由はこれがあります。

 その他にも見ておくべきものはありますか？

 あとは「平均時給」も見ておくと良いでしょう。 これはインフレの代替指標で、賃金が上がってくると物価が上がりやすい、という傾向があります。

 ふむふむ。

「労働参加率」も重要な指標です。これは16歳以上の全人口に占める労働力人口（就業者＋求職者）の割合になります。

実はアメリカの失業率が下がっている理由は、就業者が増えていることに加えて、労働参加率が低いことがあります。

2022年11月の労働参加率は62.2％。まだコロナ前と比べて約45年ぶりの低水準にあります。

労働参加率が低いというのは、働く意欲をなくした人が多いということ？

おっしゃる通り。アメリカはコロナショックの後に、給付金を3回も出したり、失業保険給付を大盤振る舞いしたり、と経済対策を過剰に行いました。

その結果、50代後半以降の生活水準の低い労働者の人たちを中心に、「もう一生働かなくても生きていける」と労働市場から退出して戻ってこなくなってしまったのです。

求職活動をしていない人は失業者に含まないから、そういう人が増えると失業率が下がるんですね。

すごいな、アメリカの給付金。でも、もう働かなくていいなんて、随分と余裕ですね。日本人なんて70代でも働いているのに…。

働かなくていい背景には、アメリカ人は日本人と違って、資産運用をしている人が多いこともあります。平均的な家計の金融資産を見ると、日本人は株を全資産の1割程度しか持っていないのに、アメリカ人は4割ぐらい持っているんです。アメリカの株価は一時より下がったとはいえ、かなり上がっていますからね。老後の資産形成ができているというわけです。

うらやましい…。やっぱりぼくも投資をしないとだな。

ただ、アメリカ経済全体から見ると、今の状況は良いことばかりではありません。**労働市場から退出した人が増えたことで、人手不足感が強まっています。**
港で荷物を下ろす仕事をする人や、荷物をトラックで運ぶ運転手が足りず、今はトラックドライバーで年収1,000〜2,000万円を稼ぐ人が珍しくないそうです。
ちなみに、物流の現場で人が足りないと、それだけ物流が滞るので、物価が上昇しやすいという側面もあります。

人手不足になれば物価が上がる。バランスが難しいですね。

先ほど、**アメリカの金融政策の目的が、物価の安定化だけでなく雇用の最大化も含まれていると言いましたよね。実はこの両立は難しいのです。**

物価を安定させるために利上げをしたら、景気の足を
引っ張って雇用が減る可能性があります。

しかし、今は利上げをして景気を悪くしたほうが、
「もう一生働かなくていいや」と労働市場から退出し
た生活水準の低い人たちが、労働市場に戻ってくる可
能性もあります。そう考えると、利上げをやりやすい
状況にあるともいえます。

雇用の指標を見るだけでも、いろいろなことが読み取
れるんだなぁ。

5-3

> **Q** 「物価」に関しては、どの経済指標を見れば良いです
> か？
>
> **A** 日本・アメリカ・ユーロ圏の消費者物価指数を見まし
> ょう

アメリカの消費者物価指数

為替への影響が大きいのは「景気」「雇用」「物価」と
のことでした。雇用は伺ったので、残るは「景気」
「物価」ですね。

次に注目すべきなのは、**「物価」**です。こちらは日本・
アメリカ・ユーロ圏の消費者物価指数（CPI）をチェ
ックしましょう。

CPIは先ほどから何度も話に出ていますね。各国の中央銀行が金融政策の目標として「インフレ目標2%」を掲げていますが、やすおさん、この2%とは消費者物価指数の何を指すんでしたっけ？

えっ、えっと…。すみません、もう一回教えてください。

消費者物価指数の前年比の上昇率です。 インフレが目標を上回れば、抑え込むために利上げをするので、自国通貨高になりやすくなります。そのインフレの状況を知るには、消費者物価指数を見るのが基本です。

CPIは日米欧で同じものなのでしょうか。

こちらも政策金利と同様に、日米欧で違いがあります。まずは、アメリカのCPIは、都市部の商品やサービスの価格をウエイトづけして指数化したものです。総合指数の他、食品とエネルギーを除いた「コア指数」も同時に発表されるのですが、アメリカだとコア指数のほうが注目度は高いですね。

それはなぜですか。

食料やエネルギーの価格は、景気以外の要因で変動することが多いからです。穀物だと天候に左右されますし、エネルギーは国際情勢などに左右されます。

そうか。先ほどの雇用統計でも農業部門の就業者を抜いていましたね。

実はアメリカの場合は、物価を見る指標としては、CPIよりも「PCEデフレーター」が重要視されています。

CPIじゃないんですか。

はい。PCEデフレーターについてはあとで詳しく解説しますが、アメリカのインフレターゲットの対象は、多くの国でインフレターゲットに使われているCPIのインフレ率ではなく、PCEデフレーターを用いているのです。

ただ、CPIのほうがPCEデフレーターよりも2週間ほど前に発表されるので、CPIも重要です。

日本とユーロ圏の消費者物価指数

日本のCPIは他国とどう違うんですか？

基本的にはアメリカと同じなんですが、コア指数が少し異なっています。**生鮮食品は除くのですが、エネルギーは除きません。**

 エネルギーを除かないのはなぜですか。

 日本の場合は物価に占めるエネルギーの割合が大きいということもあるでしょう。日本でも生鮮食品とエネルギーを除いた「コアコアCPI」はありますが、金融政策のインフレターゲットは生鮮食品を除くコア指数を基準にしています。

 日本はエネルギーをたくさん輸入していますもんね。

 あと、日本はCPIが毎月2回に分けて発表されます。先に発表されるのが東京都区部だけ。たとえば8月分は8月末に発表されます。次に正式な全国版が9月半ばに発表されますね。

東京だけ先に発表するのは、集計が早くできることと、東京の動きを見れば全国がどうなるか予想がつくからです。

 ユーロ圏の消費者物価指数はいかがですか?

ユーロ圏では消費者物価指数を「HICP」（Harmonized Indices of Consumer Prices）といいます。
ドイツやフランス、イタリアなどの加盟国は各国でCPIを発表しているので、それらの消費者物価をユーロスタット（欧州連合統計局）が集計してユーロ圏全体の数値を算出しています。

CPIじゃなくて、HICP？　アルファベットの順番が入れ替わっていて、ややこしいなぁ。

ヨーロッパは、アメリカや日本と異なり、食料もエネルギーも含めた総合のHICPを重視します。今は食料も化石燃料も高騰しているので、総合のHICPはかなり上がっていますね。
ECBはインフレファイターと言われるくらい、インフレをすごく嫌うので、積極的に金融引き締めを行う傾向があります。アベノミクス前の日本と似ています。

「アメリカ・ユーロ圏」と 「日本」とのインフレの違い

各国のインフレの度合いを知るには、「インフレ率」を見るとわかります。

今の日本やアメリカ、ユーロ圏のインフレ率はどうなっているのですか。

以下がそのグラフです（図5-2）。どれも総合指数に統一しています。

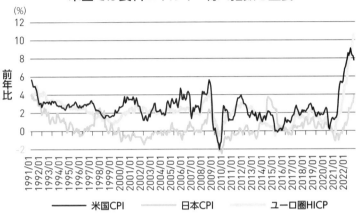

図5-2

日米欧のインフレ率
～米国では食料エネルギー除く指数も重要～

（出所）各国統計

アメリカとユーロ圏がインフレに陥っているのは知っていましたけど、改めて見ると、インフレ率の上がり方がすさまじい。

過去30年で例を見ない状況です。一方、日本は上がってはいるものの、せいぜい3％を超えたぐらい。なぜ、こんなに違いがあるかわかりますか？

うーん、何でだろう…？

実は、物価を「財」と「サービス」に分けてみると、違いの理由が明らかになります。

「財」と「サービス」。どういうことでしょう?

まず、「財」とは食料やエネルギーをはじめとしたさまざまなモノのことです。「財」の物価は、日本も7%以上上昇しています。世界的に食料とエネルギーの価格が上がっているわけですから、日本も同じように上がるのは当然ですよね。では、何が違うか。

「サービス」の価格が違うから?

そうなんです。サービスの物価が、欧米は上がっているのに、日本はあまり上がっていないんですね。

あれ! それってさっき説明してもらった…。

そう、賃金が上がっていないからです。サービスの価格は、そのサービスを提供する人の人件費が多くの割合を占めます。
欧米は物価が上がると、みんなが「もっと高くなる前に買わなきゃ」と判断し、消費が旺盛になるので、そこで働いている人の賃金も上がりやすいのですね。

高くなる前に買わなきゃ、か…。

とくにアメリカがそうですが、**ジョブ型雇用で契約を個別交渉で決める人が多いので、毎日のように上司の前に部下がいき、昇給の交渉をしたりしています。こういう環境では、人件費が上がりやすく、サービスの物価も上がりやすいのです。**
ところが日本は、長期間デフレを放置していたので、消費が旺盛にならず、賃金が上がらない。だからサービスの物価も上がりにくい。その差が大きいのです。

それを聞くと、当面良いインフレになりそうもないですね…。でも、今の日本のインフレ率は一応3％には達しているんですよね。

確かにそうですが、実は、この3％とは総合のCPIで見ている数値であり、食料とエネルギーを除いたら、インフレ率が半分以下なのです。

じゃあ、全然まだまだですね。

そういうことです。だから、日銀は金融緩和を続けているわけですね。

Q 「景気」に関しては、どの経済指標を見れば良いですか?

A GDPの成長率を見るのはマストです

GDPは、実額よりも成長率を見る

残る重要な経済指標は「景気」ですね。何をチェックすれば良いでしょうか。

景気に関しては、最も包括的な景気指標である「GDP（国内総生産）」ですね。

GDPはさんざん耳にしているので、ある程度はわかったつもりでいるのですが、念のため何なのかを教えてください。

GDPとは、国内で生み出されたモノやサービスの付加価値ですね。名目GDPと実質GDPの2つがあります。名目GDPは国内で生み出された物やサービスの付加価値を合計したもの。名目GDPから物価変動の影響を除いたものが実質GDPです。

CPIみたいに、各国で違いがあったりするんですか?

ほとんど変わりません。GDPの需要項目は、アメリカの場合は、個人消費、住宅投資、民間設備投資、在庫投資、政府支出、輸出入など。日本やユーロ圏も、項目の名前が少し違うだけで、考え方は同じです。

ユーロ圏の場合は、ユーロ圏内が「国内」になる？

ユーロ圏のGDPは、圏内の各国のGDPを集約し、輸出入を調整して計算します。国によっては「ユーロ圏全体では成長しているけれども、自国は成長していない」というように乖離が出ますが、ユーロ圏全体の経済状況を測るうえでは有効な指標です。

ユーロ圏の国のなかでは、ドイツのGDPが圧倒的に大きいので、ユーロ圏に加えて、ドイツのGDPを併せて見ることが多いですね。

GDPというと、「日本はかつて世界2位まで来ましたが、今は3位」「一人当たりGDPは世界19位…」というように、総額や一人当たりGDPを他国と比較しますよね。

そうですね。ただ、**景気動向を判断するうえでは、GDPの実額よりも、「どれくらいの勢いで増減しているか」といった成長率を見るのが重要です。**具体的には、「前年比」や「前期比」で比べます。

以下が日本・アメリカ・ユーロ圏のGDPを比べたものです（図5-3）。

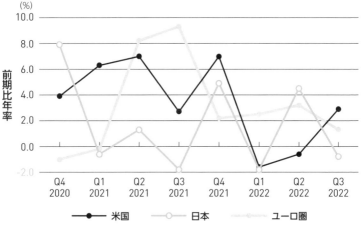

図5-3

日米欧の経済成長率
～市場予想からの乖離が重要～

(%)

前期比年率

| Q4
2020 | Q1
2021 | Q2
2021 | Q3
2021 | Q4
2021 | Q1
2022 | Q2
2022 | Q3
2022 |

● 米国　○ 日本　× ユーロ圏

（出所）各国統計

Q1、Q2というのは「第1四半期」「第2四半期」の意味です。「前期比年率」というのは、「前の四半期から何％増減したか」が前期比、「その変化が1年間続いたら年間で何％GDPが増減するか」を示したのが、前期比年率です。四半期ごとの変化率をだいたい4倍したものと考えると良いでしょう。

年率だけでなく、四半期でも比べたほうがいいのですか？

比べたほうが良いですね。GDPは計算するのが大変なので、どの国でも四半期に1回しか発表されませんが、市場分析をする人から見れば、毎月でも発表してもらいたいぐらいだと思います。3カ月もあればいくらでも経済状況は変わりますからね。

アメリカは景気が良いと聞いていましたが、2022年前半はマイナスですね。

実はそうなんです。アメリカだけマイナスなんですね。これは、需要が旺盛なのに供給が足りなくてマイナスになっているのです。

GDP成長率が発表されると、為替は動くのでしょうか？

動きます。成長率が政府から発表される前に、報道機関やエコノミストなどいろんな人が予想をして、コンセンサスが作られます。その予想と比べて、実際の数値がどのぐらい上振れしたか下振れしたかで為替が大きく動きますね。

たとえば、実際の成長率が予想よりも上振れすると？

たとえば、金融政策で利上げを継続しているときに、**予想よりも成長しているようなら、「FRBやECBがも**

っと利上げを強めるのではないか」という観測が強まるので、ドル高、ユーロ高が進みやすくなります。

逆に、成長率が下振れすると、通貨安に動きます。たとえばアメリカの成長率が予想よりも低いと、「経済が弱くなっているから、そろそろインフレが落ち着くかも。となればFRBが利上げペースを緩めるのでは」という観測が出て、ドル安に動くという具合です。

なるほど。

「もともとマイナスになると予想されていて、実際はもっとマイナスだった」場合よりも、「プラスだと思っていたら実際はマイナスだった」場合のほうがインパクトは大きいかもしれませんね。

▌GDPの発表速度でも遅れを取る日本

GDPは、いつ発表されるんですか？

アメリカ、ユーロ圏、日本で発表されるタイミングが異なります。四半期ごとに発表されるのですが、スピードが異なります。

5-1で、指標は一次速報と二次速報と確報というように何回か発表するタイミングがあると言いましたが、GDPはまさにそれですね。

まず、アメリカはどうですか。

アメリカは商務省から速報値、改定値、確報値の3回に分けて発表されます。速報値が一番注目されるというのは、5-1ですでに述べましたね。

速報値が発表されるのは、当該四半期が終了した後の翌月末。つまり、4－6月期のGDPであれば、7月末の日本時間午後9時30分（冬時間では午後10時30分）に発表されます。その1カ月後に改定値、2カ月後に確報値が発表されます。

EUはいかがでしょう。

速報値はアメリカと同じで、EUの統計局から当該四半期の翌月末に速報値が出ます。日本時間で午後6時（冬時間では午後7時）なので、アメリカより少し早いですね。改定値は翌々月中旬、確報値は翌々々月初旬。4－6月期なら、改定値が8月中旬、確報値が9月初旬です。

日本はどうですか。

日本は内閣府が公表するのですが、アメリカ、ユーロ圏と比べると遅いですね。速報値で当該四半期終了後

の40日以上後。4－6月期のGDPは8月の半ばに発表、と半月以上遅れを取っています。

アメリカやEUと比べると、遅いですね。

なぜ遅いかというと、そもそもGDPはいろいろな基礎統計をもとに集計するのですが、その基礎統計の発表が遅いうえ、いろいろ複雑な計算をしているからです。

日本の場合は、1次速報の約2週間後に2次速報が出ます。どちらも朝8時50分の発表です。日本のGDPはアメリカやユーロ圏よりも注目度が低いのですが、その原因は発表の遅さもあると思います。

5-5

Q その他にもチェックしたほうが良い経済指標は？

A アメリカなら「ISM景気指数」「小売統計」「PCEデフレーター」

最も早い景気指標「ISM景気指数」

その他にもチェックしておくと、為替の動きがわかる経済指標はありますか。

注目したほうが良い指標は、アメリカに関するものが多いですね。
まず、「ISM景気指数」は雇用統計の次に注目される指標なので見ておくと良いでしょう（図5-4）。

図5-4

ISM景況指数
〜製造業が先（翌月第1営業日）に公表〜

（出所）ISM

雇用統計の次とは重要ですね。どんな指標なんですか？

全米の企業の購買・供給管理責任者へのアンケート調査をもとにした、景況感を示す指数です。製造業と非製造業の2種類があり、製造業は350社、非製造業は380社にアンケートを取っています。全米供給管理協

会（ISM）という団体が算出しています。

なぜこれがそんなに重要なんですか？

他の指標よりも発表されるタイミングが早いからです。とくに製造業は毎月第1営業日（非製造業は第3営業日）に発表されるので、景気の先行指標として注目されています。**さらには景気だけでなく雇用の先行指標にもなります。**

雇用にも関係しているのか。

製造業のアンケートでは、新規受注や生産、雇用、入荷遅延、在庫などについて、「良くなっている・同じ・悪くなっている」の三者択一で聞くので、生産だけ、雇用だけという見方もできるのですね。
実際、市場関係者は項目ごとの数字も注目しています。とくに新規受注や生産は景気との関わりが強いと言われています。

製造業と非製造業のISM景気指数のグラフは、50のラインを上回っていれば好況といえます。

グラフを見ると、おおむね好況ですね。

ただ、直近では下がってきているので、減速していることがわかります。

確かに。ピーク時よりだいぶ下がってますね。

ちなみに、ISM景気指数と似た指標で「PMI」があります。こちらも同様に購買担当者に似たようなアンケートを取るのですが、ISMが300以上の企業をアンケート対象としているのに対しPMIは400以上の企業を調査します（図5-5）。

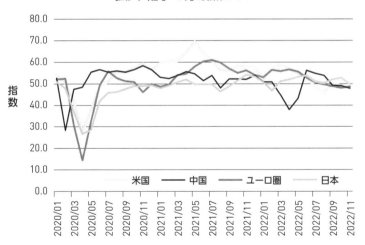

図5-5

総合PMI
～拡大・縮小の分岐点は50～

（出所）マークイット社

ISMとPMIで、動きは違ってくるんですか？

今のデータを見ると、ISMと比べてPMIのほうが良くないですね。こちらはアメリカだけでなく日本やユーロ圏でも調査を行っているのですが、2022年11月分では日米欧中すべて50を下回る不況ゾーンに入っていました。

中小企業も含めたPMIのほうが実態に近いのかもしれないですね。

マーケットはISMを注目しますが、確かに実態はPMIのほうがつかめるかもしれません。
なお、PMIは中国もあるので、中国の実体経済を知るうえでも参考になるでしょう。

GDPの先読みができる「小売統計」

アメリカに関する経済指標では、小売業・サービス業の売上高を集計した「小売統計」も注目です。
アメリカはGDPの約7割を個人消費が占める国なので、小売統計を見るとGDPの先読みができます。

ほうほう。

小売統計には「コア売上高」もあります。景気に関係のない要因で売れ行きが変わる自動車を除いたもので、マーケットではコアのほうが注目されますね。
以下が、小売売上高とコア売上高の前月比グラフです（図5-6）。

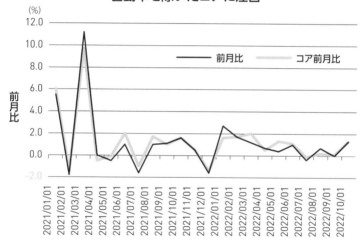

図5-6

小売売上高
～自動車を除いたコアに注目～

（出所）米商務省

2021年3月に爆上がりしていますが、あとはそんなに高くはないですね。

グラフが右肩下がりですから、アメリカの個人消費も減速傾向にあることがわかりますね。
こちらは、対象月の翌月第2週頃に発表されます。雇

用統計よりは少し遅いのですが、個人消費に直接関係のあるデータなので注目されています。

FRBの物価目標「PCEデフレーター」

もう一つ、押さえておきたいアメリカの経済指標は「PCEデフレーター」です。

あ、先ほど出てきましたね。アメリカの物価を見る指標としては、CPIのインフレ率ではなくてPCEデフレーターが用いられているとか…？

はい。FRBの物価目標に使われています。

具体的にはどんな指数なのでしょうか。

個人消費支出の物価動向を示した指数です。
PCEとは、個人消費支出（Personal Consumption Expenditure）の頭文字を取っています。

なんか頭に入りづらい言葉が並びますねぇ。

まぁ、要するにこれを見ると、個人消費の観点からインフレの動向がわかるんです。アメリカの商務省経済

分析局が毎月末に発表しています。

FOMCメンバーの経済見通しが年4回発表されるときは、CPIではなく、PCEデフレーターが物価の見通しとして公表されます。

なぜCPIよりも重視されるのでしょうか？

1つ目はCPIより上方バイアスが生じにくいこと。2つ目は消費者が直接支払う消費だけでなく、医療費の負担など間接的な支払いも含むので、データの精度が高いと考えられることです。CPIと違って直近の消費ウエイトの変化を加味して調整が行われるので、CPIよりも物価上昇の実態をよく表していると考えられています。

ただ、算出するのに手間がかかるので、CPIよりも発表が遅れてしまうのですね。

なるほど。

実際にデータを見てみましょうか。以下は、PCEデフレーターと、変動の激しい食品とエネルギーを除いたコアPCEデフレーターが前年比でどれぐらい変動しているかを示したグラフです（図5-7）。インフレターゲットとなるのは、コアのほうですね。

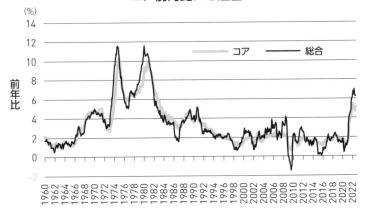

図5-7 **PCEデフレーター**
〜コア前月比にも注目〜

(出所)米商務省

やはり最近は上がっていますね。

総合は6%を上回っていますが、コアも5%程度の水準にあります。これを見ると、食料やエネルギー価格がすごく上がっていることがわかりますね。
コアで見ても、インフレ目標の2%を大きく上回っているので、パウエル議長が2022年8月のジャクソンホールでのシンポジウムで「景気を犠牲にしてまでインフレを抑える」と言ったのも納得感があります。

Q 日本ならではの重要な経済指標はありますか？

A 日銀短観はチェックしましょう

日本の金融政策に影響する日銀の指標

ここまでずっとアメリカの指標ばかりですが、日本で注目しておきたい経済指標はないんですか？

日本ならではということなら、「日銀短観」ですね。

日銀短観とは、日銀の何かですか？

日銀が企業の景況感を調査した指標です。正式名称は、全国企業短期経済観測調査。市場関係者の中では短観で通用しますし、外国人投資家にも「TANKAN」で通じます。

資本金2,000万円以上の民間企業、約1万社の企業を対象にしたアンケート調査を年4回実施し、それをもとに算出しています。4月、7月、10月の第1営業日と、12月中旬に結果が発表されます。

どんな調査をしているのでしょうか？

調査項目に関しては、日銀のホームページに「企業が自社の業況や経済環境の現状・先行きについてどう見ているか、といった項目に加え、売上高や収益、設備投資額といった事業計画の実績・予測値など、企業活動全般にわたる項目について調査している」と記されています。※
具体的には、自社の業況や設備、雇用などの項目に関して、直近・先行き（3カ月後）の状況を「良い、さほど良くない、悪い」の3段階評価を行ってもらいます。

日銀短観が注目されるのは、政策に影響を与えるからでしょうか。

その通りです。日本の金融政策に影響するからです。
日銀のホームページにも、「全国の企業動向を的確に把握し、金融政策の適切な運営に資することを目的としている」と書かれているので、政策に影響しているのは疑いようのないところです。

ふむ、それは見ておかなければ。

※出典：日本銀行「教えて！にちぎん」「短観」とは何ですか？

短観のうち、とくに注目されるのは、大企業製造業の業況判断指数です。上場企業を時価総額で見ると、最もウエイトが大きいのは製造業ですからね。また、景気の短期循環は製造業の在庫循環で動くという意味でも、大企業製造業の数字が重要です。

2021年と2022年は景気が良かった？

実際のデータを見てみたいです。

次ページのグラフは、大企業の業況判断指数です。製造業と非製造業の2種類があります（図5-8）。「良い」と答えた企業の割合から「悪い」と答えた企業の割合を引いています。ISMやPMIは50が分岐点でしたが、短観の業況判断指数は、0が分岐点ですね。良いと答えた企業のほうが多いと、0より上にいきます。

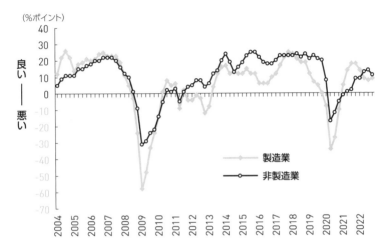

図5-8

大企業の業況判断DI

(%ポイント)

良い ―― 悪い

製造業
非製造業

(出所)日銀、直近は先行き判断DI

2021年と2022年、景気が良いと答えた企業のほうが多いんですね。

はい。回答しているのが大企業だからですね。 中小企業の製造業はマイナスだったりしますが、生み出される利益や付加価値でいうと、圧倒的に大企業のほうが大きいですから、金融市場に与える影響というと、日銀短観の大企業の数値が重要だというわけです。

なるほど。

見方としては、水準が高い・低いよりも、市場予想よりもどれぐらい上振れしたか下振れしたかが重要です。景気の水準で考えれば、0よりプラスで好況、マイナスで不況という見方もあれば、方向感で言うと、上を向いていると回復、下がっていると悪化・後退という見方もできます。その意味では、水準で好況と不況、方向で回復と後退という4つの区分けができます。一番良いのが、好況期の景気回復。一番悪いのが、不況期の景気後退ですね。

そうか。4つの象限でマトリックスにできるわけですね。

ただ、為替市場に関しては、日銀短観の影響ではあまり動きません。

え、そうなんですか。

短観も含めていろんな日本経済のデータが出たところで、日銀は早々に利上げできないことが読めますからね。ある程度経済が正常な状況に戻らないと、日本の経済指標が、為替相場に及ぼす影響は限定されるといえます。

そうなんだ。じゃあ、あまり見る必要もないような。

ただ、日銀短観を見れば、日本の経済状況がわかりますし、業種別の想定為替レートも見られます。すると、他の業種と比べてすごく円高気味の為替レートを想定している業種が見つかったりするんですね。

そこから何かわかるんですか？

円高気味で想定している業種があると、それより円安になったときに業績が修正される可能性があります。すると、「この業種の企業は業績見通しを修正する可能性が高いな」と予想できるわけです。

なるほど、そんな読み方ができるわけですね。

5限目まとめ

- 実際に発表された経済指標と予想値がズレていると、「織り込み済みの材料と違う」ため、為替が動く。

- 経済指標を読むにあたって大切なのは、「事前の予想値」と比較すること。

- 経済指標は、一次速報に注目しよう。

- 為替への影響が大きいのは「景気」「雇用」「物価」の３つ。その中でもとりわけ「アメリカの雇用」は重要。

- アメリカの雇用統計を見るポイントは、市場予想よりもどの程度上振れ・下振れしたか。予想よりも雇用者数が多ければ、景気が予想以上に上向いている。少なければ、下向いている。

- NPF以外の雇用統計の重要ポイントは、「失業率」「平均時給」「労働参加率」の３つである。

- 物価の動向を知るには、消費者物価指数（CPI）を見よう。インフレが目標を上回れば、抑え込むために利

上げするので、通貨高になりやすい。反対も然り。

● アメリカの物価指標は、PCEデフレーターを見よう。

●「景気」をチェックする指標はGDP。GDPの実額よりも、「どれくらいの勢いで増減しているか」といった成長率を見ることが重要。

●「景気」「雇用」「物価」の3つ以外に、余裕があればISM景気指数もチェック。

● アメリカのISM景気指数とともに、日・米・欧・中国のPMIに注目すると、より精緻な予想ができる。

● アメリカの「小売統計」も注目。小売統計を見るとGDPの先読みができる。

● FRBの物価目標に使われるPCEデフレーターをチェックすることで、より精緻なインフレの動向がわかる。

● 日本は、「日銀短観」のなかでも、大企業製造業の業況判断指数に注目。

「経済の因果関係」を自分の頭で考えてみよう

永濱先生、ありがとうございました！　振り返ってみると、私たちの生活と経済が密接に結びついていることが、よくわかる講義内容でした。

こちらこそ、ありがとうございました。そう言ってもらえると、私も嬉しいです。やすおさんは、一つの疑問から色々と掘り下げて質問をしてくれる良き生徒ですね。こちらも気持ちよく解説できました。

へへへ。最初は、マクロ経済っていうから大きすぎて掴みどころのない話かと思いました。けど、円高・円安の話から入っていって、徐々に身近に感じられたので、どんどん質問が浮かびました。

私も隣で聞いていて、大変勉強になりました（住宅の話はとくに）。経済の状況を見てお金をどう使うべきか、資産運用について考えるヒントもたくさんいただけましたし。

お役に立てたなら良かったです。私の講義をきっかけに、ニュースを見て自分の頭で「経済の因果関係」を考える習慣を持ってくれたら、何よりも嬉しく思いま

す。

私を含め、専門家の発言を鵜呑みにせずに、「本当？」「なんで？」と考える姿勢が大切ですから。

ぼく、じっくり考えるのが苦手なので、先にわかりやすい答えが欲しくなるタイプなのですが、ちょっとだけ頭を使ってみようと思います。

そうですね。少しずつでいいので、自分なりの「経済観」を養ってください。

まぁ、そんなに大層な話ではなく、経済の因果関係を自分なりに仮説・検証をしていると、徐々に考えることが楽しくなってきますよ。この思考は、ビジネスでも大いに役立つと思います。

なるほど！　クイズみたいなものですもんね。

永濱先生…。

はい、なんでしょう？

この講義の内容、そのまま一冊の本にまとめるのはいかがでしょう？　このまま3人の中に留めておくのは、もったいない気がしまして。

そうしましょう！　タイトルはどうしますか？

 そうですね、タイトルは…『給料が上がらないのは、円安のせいですか？』なんてどうでしょう？

 面白そうです。では、このテーマで一冊書いてみましょうか。

日本経済の再スタート

　円安によって、日本の製造業は苦労せずに競争力を高めてきた。その結果、イノベーションが起きずに、世界的企業の後塵を拝するようになった──。

　最近、こうした論調をよく耳にします。しかし、その論理がまかり通るのであれば、「産業の競争環境を厳しくするほど、企業努力によって競争力が高められる」という話になりはしませんか？

　世界中の産業政策を見渡すと、「いかに自国の企業が活動しやすい環境を整えるか」といった考え方をするのが一般的。環境を厳しくすることで競争力を高める発想は、経済理論ではなく「根性論」と言わざるを得ません。

　そう考えると、通貨価値を上げる、つまり円高にすることが日本経済活性化の解決策とは言い難いでしょう。経済が健全に成長するためには、経済環境に応じた通貨価値が必要です。

　にもかかわらず、バブル崩壊以降に十分な金融緩和をせず、割高な為替水準が続きました。その結果、日本はデフレが深刻になり、世界各国とのインフレ率格差が開き、購買力に差が開いてしまいました。

　そして、未だに日本は長期停滞から抜け出せていません。

しかし、私は日本を「終わった国」だとは思っていません。また、素晴らしい技術や人材がたくさん存在するからです。

　確かに、今の日本経済は弱いと言わざるを得ません。だからといって、高度成長期の日本を基準に「日本の凋落」を嘆いても、何も始まりません。

　それよりも、「得意な武器をさらに磨いて、どう成長していくのか」を議論するほうが、健全だと思うのは私だけでしょうか。

　弱いならば、あとは上を見て再び上るだけです。

　本書は、為替を切り口に日本経済の現状を解説してきました。無機質なイメージのあるマクロ経済に、少しは血が通ったと感じてもらえていれば、著者としてこれ以上の喜びはありません。

　同時に、私たち一人ひとりの選択によって日本経済の未来がつくられているのだ、ということを感じてもらえれば幸いです。

　最後に、ニュースがわからないと感じるたびに、本書を開いてみてください。何度も読むことで、知識から「使える武器」へと変わります。それまで、本書があなたの本棚に残り続けることを祈ります。

　FIFAワールドカップカタール2022、日本代表がベスト16進出を決めた日に

永濱利廣

装丁デザイン：小口翔平+須貝美咲（tobufune）
本文デザイン：有限会社エヴリ・シンク
編集協力：杉山直隆
装丁・本文イラスト：うのき
図版作成：桜井勝志

〈著者略歴〉

永濱利廣（ながはま・としひろ）

第一生命経済研究所首席エコノミスト

1971年、群馬県生まれ。早稲田大学理工学部工業経営学科卒業、東京大学大学院経済学研究科修士課程修了。95年に第一生命保険入社、日本経済研究センターを経て、2016年より現職。衆議院調査局内閣調査室客員調査員、総務省「消費統計研究会」委員、景気循環学会常務理事、跡見学園女子大学非常勤講師。著書に『経済危機はいつまで続くか──コロナ・ショックに揺れる世界と日本』（平凡社新書）、『日本病　なぜ給料と物価は安いままなのか』（講談社現代新書）など多数。

給料が上がらないのは、円安のせいですか？
── 通貨で読み解く経済の仕組み

2023年1月30日　第1版第1刷発行

著　　者	永　濱　利　廣	
発 行 者	永　田　貴　之	
発 行 所	株式会社PHP研究所	

東京本部　〒135-8137　江東区豊洲5-6-52
　　　　　ビジネス・教養出版部　☎03-3520-9619（編集）
　　　　　　　　　　　普及部　☎03-3520-9630（販売）
京都本部　〒601-8411　京都市南区西九条北ノ内町11
PHP INTERFACE　https://www.php.co.jp/

組　　版	有限会社エヴリ・シンク
印 刷 所	株 式 会 社 精 興 社
製 本 所	株 式 会 社 大 進 堂

PHPの本

ニュースの「疑問」が、ひと目でわかる座標軸

世界の今を読み解く「政治思想マトリックス」

対立する世界の構図が見るだけでわかる！ 駿台予備校カリスマ講師の「学校では教えてくれない」現代史の読み解き方。

茂木 誠 著

定価 本体一、五五〇円
（税別）